孩子，我想成为更好的父母

陪孩子走过 3~6 岁

俞敏洪 主编 / 新东方家庭教育研究与指导中心 著

浙江教育出版社·杭州

图书在版编目(CIP)数据

孩子，我想成为更好的父母. 陪孩子走过3～6岁 / 俞敏洪主编；新东方家庭教育研究与指导中心著. -- 杭州：浙江教育出版社，2021.12（2024.4重印）
 ISBN 978-7-5722-2063-0

Ⅰ. ①孩… Ⅱ. ①俞… ②新… Ⅲ. ①学前儿童—家庭教育 Ⅳ. ①G78

中国版本图书馆CIP数据核字(2021)第131215号

孩子，我想成为更好的父母 陪孩子走过3～6岁
HAIZI, WO XIANG CHENGWEI GENG HAO DE FUMU PEI HAIZI ZOUGUO 3~6 SUI
俞敏洪　主编　新东方家庭教育研究与指导中心　著

责任编辑	赵清刚
美术编辑	韩　波
责任校对	马立改
责任印务	时小娟
特约编辑	韩晓蕾
封面设计	路丽佳
版式设计	李　韬
插图绘制	杨金利
出版发行	浙江教育出版社
	地址：杭州市天目山路40号
	邮编：310013
	电话：（0571）85170300 - 80928
	邮箱：dywh@xdf.cn
印　　刷	北京宝隆世纪印刷有限公司
开　　本	880mm×1230mm　1/32
成品尺寸	145mm×210mm
印　　张	5
字　　数	95 000
版　　次	2021年12月第1版
印　　次	2024年4月第3次印刷
标准书号	ISBN 978-7-5722-2063-0
定　　价	40.00元

版权所有，侵权必究。如有缺页、倒页、脱页等印装质量问题，请拨打服务热线：010-62605166。

编委会

策划
新东方家庭教育研究与指导中心

顾问
陆士桢　佟　新　曹　萍

主编
俞敏洪

副主编
周　雷　应　光

编委会成员
侯沁舲　邢进红　郭　莹
杨　楠　张世琪

特约审稿
郭艳霞

序一 *Preface*

当今时代，由于社会环境、家庭环境等都在发生着很大的变化，父母在养育孩子方面也面临前所未有的机会和挑战。民主观念深入人心，父母不再是高高在上的权威；互联网覆盖各行各业，人们的学习方式和沟通方式发生了巨大改变；出国留学不再是少数人的"专利"，走出国门的孩子愈来愈低龄化……面对新的机会和挑战，父母如何做才能成为合格的父母？

中国有句古话叫"功夫在诗外"，讲的是一个人能够写一首好诗，并不是全靠作诗的技巧，或者靠背诵唐诗三百首、宋词六百首，其实更加重要的是这个人在诗之外的眼界、胸怀、价值观和人生阅历等，这些对作诗会有很大的影响。这句话用在教育中我也非常认同，那就是"功夫在学外"。

我见过一些对孩子的教育比较成功的家庭，发现这些家庭的家长并没有把工夫都花在孩子各门功课的学习上。如果家长把全部精力放在孩子的功课上，甚至不给孩子业余活动时间，不带孩子去了解世界，也不培养孩子的读书习惯，就算孩子学习成绩很好，也不意味着他们在未来有很大的发展潜力。家长真正需要在意的应该是孩子怎样拥有积极向上的人生态度，怎样保持身心健康，怎样面对遇到的挫折、困难，怎样在失败面前成长起来，怎样学会与人进行良好的沟通……这些都很重要，这才是"学外"的功夫。

其实，如果把家长看作一个职业的话，家长就需要通过学习和实践来获得胜任这一职业所需的观念、知识、方法、能力等。可喜的是，现在越来越多的父母意识到自我教育的重要性，他们努力学习科学的育儿理念和方法，并借助各种平台互相分享和交流。养儿育女的过程就像是一段与孩子同行的旅程，父母时而在前引导孩子，时而在旁陪伴孩子，时而在后守护孩子。在旅途中父母和孩子彼此照应，共同前进。正是有了父母的引导、陪伴和守护，孩子才能安全、健康地成长。

同时，父母需要不断提高自己的判断力，在面对具体问题时，要能够判断如何做才更有利于孩子的身心健康。除此之外，父母要保持情绪稳定，要为孩子树立榜样，要多鼓励孩子，培养孩子的勇气，锻炼孩子的自主能力，培养孩子接受失败并重新奋发的能力等，这些都非常重要。

这个世界上唯一不变的就是变化，只有适应变化和拥抱变化，才能跟上甚至引领时代的潮流。面对孩子的教育，家长需要有一种使命感，因为你的孩子不仅仅是你自己的孩子，还是未来世界的主人。家长需要思考培养孩子的目标到底是什么，也需要反思家庭对孩子会产生什么影响。因为家庭教育的成败不仅仅关乎一个家庭，还关乎国家、民族、社会的进步和发展。

我一直相信成长的力量，新东方自1993年创建以来，没有一刻停止过成长的脚步，在家庭教育领域亦是如此。如果家长追求成长，尤其是精神和心灵方面的成长，就会潜移默化、春风化雨般滋养孩子的成长。如果家长只是一味地要求孩子，自身却停滞不前，就不可能为孩子创造良好的成长环境，孩子的成长可能会受到阻碍。所以，孩子的成长是父母和孩子一起成长的结果，做新时代的新父母需要我们更加重视自身的成长。

新东方愿意与各位家长朋友携手共同成长！

俞敏洪
新东方创始人、新东方教育科技集团董事长

序二

当父母的意义

当翻看这套"孩子,我想成为更好的父母"时,第一感觉就是今天做父母好难,要工作,要养孩子,还要学习如此多的养育知识。既然这样难,那人们为什么还要做父母呢?只有明了当父母的意义,才能够享受做父母的快乐,才能够真正拥有一颗为人父母的平常心。

在大部分中国人的传统观念中,生养孩子有着重要的文化意义和生存意义。一是传宗接代,让家族的血脉得以延续,在这一意义上,孩子的成长就具有了代际相传的使命感,优秀的孩子可以光宗耀祖。所以,很多父母倾其所有将孩子培养成才,在众人面前感受着"有出息的孩子"带来的荣耀。二是养儿防老,把生养孩子作为一种代际的利益交换,父母年轻的时候养孩子，年老的时候由孩子陪伴和养老送终。这两种生养孩子的意义在今天依然延续着，持有第一种观念的父母常常有着巨大的压力，唯恐孩子"不争气"；持有第二种观念的父母，会把孩子紧紧拴在自己身边，不希望他们远走高飞。本质上，这两种对"做父母"意义的理解都不是以父母自身和孩子自身为出发点的，而是以家庭为出发点的。

现代社会，"做父母"有了新的意义。不少年轻的父母表示，当父母的意义就是为了参与一个生命的成长！在参与的过程中，父母的生命本身有了意义，养育过程中有种种困难要克服、有大量的不求回报的付出，还有带着泪花的喜悦。做父母的意义就是陪伴一个小小的、和自身有着血肉关系的生命从稚嫩走向成熟，从依赖走向独立！在这一意义上，做父母就是一个过程，是陪伴、参与、以及与孩子一起成长的过程。

持有"参与一个生命的成长"的理念，父母的心态会发生变化，会对孩子的到来和共同的生活、学习、运动充满感恩之情，会时常感恩小生命的陪伴。持有这样的理念，家长们就不会再抱怨"孩子怎么这么笨""孩子怎么总爱生病""孩子为什么不听话"。父母们会知道，时光荏苒，要珍惜和孩子在一起的每分每秒。

我曾开设过针对父母的"生命教育"课程，课上我会让父母们想象自己遇到灾难（如飞机出现故障），并要求他们在五分钟之内，给孩子留下最想说的话和对孩子的期望。在所有写下的期望中，没有一个父母提到孩子的考试成绩，几乎所有父母都在倾诉自己对孩子的爱，期望孩子身心健康、未来能够自食其力、做个对社会有用的人。这就是做父母的初衷，所以不要忘记初衷！

如果父母期望孩子身心健康，那就多花些时间陪伴孩子一起运动；如果父母期望孩子能够自食其力，那就在学习之余教给孩子生存的能力和不怕困难的品质。父母只能陪伴孩子一段时光，孩子终究要长大，要自立，要自己走向社会，要承担起责任。父母能够放飞孩子，孩子才能飞得更高、飞得更远。

为人父母，我们一定要记住初心！

佟新

北京大学社会学系教授

目录

Contents

第一章　小生活大教育 / 1

在生活中，父母之爱是什么？ / 3

成长比成功更重要 / 6

"好父母"有标准吗？ / 9

被喂饱的熊是死熊 / 12

笨有笨的好处 / 15

瀑布里的孩子 / 19

关系的深度决定了生命的意义 / 23

成功的七颗种子 / 27

懂得"尊重"的孩子，才会有教养 / 31

当孩子问你，他从哪里来 / 34

第二章　小身体大学问　/ 39

正餐和零食的战争　/ 41
不肯睡和不想起的小孩　/ 46
让"懒孩子"动起来　/ 50
让孩子在游戏中学习　/ 54

第三章　小起点大未来　/ 61

亲子阅读知多少　/ 63
不可量化的艺术素养　/ 69
儿童大脑发育的奥秘　/ 74
从幼儿园到小学，是童年生活的自然延伸　/ 78

第四章　小心理大关怀　/ 83

允许孩子哭是培养情商的第一步　/ 85
谁来管管家里的"火爆龙"　/ 89
孩子不敢尝试，缺的不只是鼓励　/ 94
夸孩子夸到点子上　/ 98

第五章　小事件大视角　/ 103

　　分享并不容易　/ 105
　　做家务是孩子的人生必修课　/ 109
　　生活中的专注力　/ 112
　　谈论死亡，是最好的生命教育　/ 116

第六章　小家庭大温暖　/ 121

　　游戏是亲子关系的纽带　/ 123
　　正确处理隔代养育冲突　/ 128
　　二胎家庭的"端水"艺术　/ 132
　　父母情绪越稳定，孩子越心安　/ 136

参考文献　/ 140

第一章

小生活大教育

在生活中,父母之爱是什么?[*]

> 父母的世界观、人生观、价值观会潜移默化地影响孩子——我们教给孩子什么,孩子未来可能就会成为什么样的人。在生命的长河中,除了真诚、善良、乐于助人这些可贵的品质,还有很多比考试成绩更有意义、更有价值的东西值得去追求。

近年来,人们对家庭教育越来越重视。父母在孩子身上投入得越来越多,只希望孩子有一个成功的未来。这也导致父母的焦虑感和压力不断增加。但是在今天的中国,很多人把成功的定义限定在一个特别狭小的范围之内,似乎考试成绩就是判断孩子未来能否成功的标准。有些父母整天盯着孩子的学习成绩,只要成绩提高了,就觉得孩子一好百好;如果成绩下降了,便觉得孩子一无是处。在我看来,这是非常片面的衡量标准。

---

[*] 本书第一章前九篇文章的作者,均为新东方创始人、新东方教育科技集团董事长俞敏洪。

我认为，成功的衡量标准是多元的，而比成功更重要的，是一个人的成长。我常常思考如何做我的孩子的好榜样。我发现，只要回到生活本身，在日常生活中把握好教育的契机，就能助力孩子的成长。

父母的世界观、人生观、价值观会潜移默化地影响孩子——我们教给孩子什么，孩子未来可能就会成为什么样的人。我们教育孩子要真诚、善良，那么我们自己在生活中是不是做到了真诚和善良呢？我们教育孩子要乐于助人，那么我们自身在生活中是否乐于帮助别人呢？在生命的长河中，除了真诚、善良、乐于助人这些可贵的品质，还有很多比考试成绩更有意义、更有价值的东西值得我们去追求。

我希望孩子能读更多的书，开阔眼界、拓展思维、丰富思想和情感，享受读书的乐趣。我希望孩子能有自己的兴趣爱好，让生活更加美好，让生命更有意义。我希望孩子将来能有一份喜欢的工作，即使在平凡的日常生活中也能获得幸福和快乐。我认为这才是人生中最重要的能力。

我希望孩子将来能很好地融入社会。因此，我一直在有意识地要求孩子学会与人合作，懂得分享；我还有意识地培养孩子独立生活的能力，比如整理自己的房间、洗碗、用洗衣机洗衣服，等等。

我希望孩子感受这个世界的广阔和多彩。因此，我经常带孩子去旅游，鼓励他们广交朋友，与优秀的人为伴，培养他们的进取心和独立思考的能力。在旅行的过程中，我和孩子之间自然的交流，对于缓解孩子的压力、增进我们之间的亲子感情都很有作用。

我希望培养孩子对生活的热爱之情和对他人的友爱之情。有一次我和儿子走在回家的路上，看见一个流浪歌手正准备唱歌，儿子要过去给他钱。我说："他还没有开始唱，你现在就去给钱是对他的一种侮辱。"儿子问为什么，我说："你在他唱完歌后给钱，是对他的歌声的赞誉；如果他还没唱你就给钱，就是把他当作乞丐，这不是侮辱他吗？"后来我们便在一旁听那个歌手演唱，等他唱完了一首歌，儿子才上去给钱。我希望儿子明白，我们不仅要对他人友善，而且要学会换位思考，学会理解和体谅他人的感受。

我希望每个家长都能走出对未来的焦虑，让家庭教育根植于眼下的生活，在生活中焕发生机和力量；让孩子在生活中得到好的教育、好的滋养。我希望每个孩子长大后都能够做自己最想做的事，成为最想成为的人。

成长比成功更重要

> 对这一代的孩子来说,他们的成功一定是建立在快乐成长的基础之上的。先追求成长,再追求成功,并把成功视为成长的必然结果,这才是正确的成功之路。

当我们说一个人成长了,通常意义上不是指他的身体长高了,或者年龄增长了,而是指精神层面的成长。成长,意味着一个人的经验日益丰富、能力不断提升、思想更加成熟、心灵更加充实、意志更加坚强。停止成长,意味着一个人停止了精神追求,就像一棵树的树枝不再伸向天空,没有了触摸蓝天的渴望,就算活着,也没有了活着的激情和梦想。

很多人在看待人生时的一个误区是,看重成功,而不看重成长。成功是什么呢?世俗的定义是当一个人拥有财富、名声和地位时,这个人就成功了。但这一定义本身就是错误的,因为从根本上而言,成功不是得到了什么,而是一个人成长的自然结果。成功不是静态的东西，得到的财富、名声可以再度失去，但成功源自一个人的内心，内心的力量才是永恒的财富。人们看待成功，通常用一种简单粗暴的方式，只看结果本身，而不去探索达到这个结果的途径。成功是怎么来的？是通过自身艰苦卓绝的努力得到的，还是通过不法手段积累财富得到的？如果一个人得到的财富、名声和地位不是通过自身的不断完善和光明磊落的努力得到的，那所谓的成功就是令人鄙视的，这种成功和成长毫无关联。

一位教授曾经对我说："现在的孩子活得太累了。在他们的人生中，似乎只有两个词——一个是'成功'，一个是'拼搏'。"我们需要思考，如果我们不给孩子快乐，却口口声声说希望孩子幸福，这可能吗？

我们确实对成功过于着迷了，但我很清楚，对这一代的孩子来说，他们的成功一定是建立在快乐成长的基础之上的。不然，在社会经济和文化交流日益频繁、全球一体化的未来，竞争愈发激烈，没有快乐成长做基础，他们是走不远的。

现在有些年轻人只追求成功，不追求成长，这是一件非常危险的事情。这就像造一所房子的时候，只追求房子的高度，却不努力夯实地基，这样的房子建到一定的高度必然会轰然倒塌。学生时代是一个人成长的最好时光，认真读书，独立思考，探索真知，广交挚友，让美好的童年和青春留下一路成长的轨迹，这是令人着迷的事情。同时，前途的迷茫，人生的徘徊，现实的苦闷，都是成长的一部分，也是成长的必经之路。

我见过太多的人由于在学生时代不愿意主动成长，不追求知识，不丰富自己的心灵，不思考自己的人生，到了社会上变成了一无所长的人，在社会的边缘游荡，不能融入社会，也不被社会接纳。

先追求成长，再追求成功，并把成功视为成长的必然结果，这才是正确的成功之路。

作为父亲，我对孩子的教育目标有两个，首先是通过快乐的生活体验培养他们积极向上的心态，其次就是积极帮助他们成长。我希望孩子的学习成绩好，但我更希望引导孩子充分发挥潜能，快乐地生活，做最好的自己。就像我不止一次对我的女儿说的那样："你可以不成功，但一定不能不成长。"

"好父母"有标准吗?

> "好父母"需要掌握五项原则:一是情绪稳定;二是给孩子立合理的规矩;三是父母本身要有阅读、学习的习惯;四是父母要带着孩子去探索世界;五是夫妻的教育理念要一致。

大家都知道,一对父母是不是"好父母",与他们有没有钱、有没有权势无关,但要做"好父母"确实有一些基本的原则需要掌握。

第一个原则就是情绪稳定,遇到事情能有心平气和的态度。这意味着你做事情的标准和规律一直在那里,不管遇到什么事,孩子都可以预期你的反应,这会给孩子带来安全感。

如果孩子从小就有很强的安全感,他长大后就会更愿意勇敢地走出家庭,走向世界。越没有安全感的孩子,越不敢面对世界。这就好像胆小的小动物总是待在家里,不愿意往外跑,但是有安全感的动物就愿意跑出去。所以,父母从小给予孩子足够的安全感非常重要。

很多人认为，孩子懂事以前，父母当着孩子的面吵架对孩子是没有影响的。其实这种影响比孩子懂事以后父母吵架带给孩子的影响还要大。因为孩子懂事以后会有排解情绪的能力，而孩子很小的时候还没有这种能力，他们会把感受到的负面情绪转化成内心的不安全感。所以，即使是在孩子很小的时候，父母也不要当着孩子的面吵架。不要以为孩子听不懂，从出生的第一天起，他察言观色的能力就很强了。

第二个原则是给孩子立合理的规矩。我认为在孩子很小的时候，家长就应该立一些对孩子有好处的规矩。比如，从孩子开始玩玩具的时候就告诉孩子，玩玩具是可以的，玩儿完了之后，玩具从什么地方拿出来，就要放回到什么地方去。如果不放回去，就会有一定的惩罚。之所以要给孩子立规矩，是因为一个人长大以后，他有条不紊的行为和系统思考的能力与小时候的规矩是有直接关系的。所以，从小给孩子立规矩，培养孩子一些好习惯很重要，比如吃饭不挑剔、东西要摆放整齐等。当然，要做到这一点，就需要父母本身能够做到整洁、干净、勤快。如果整个家里都是乱七八糟的，东西乱扔，一点温馨的感觉都没有，给孩子立的规矩也就形同虚设了。

第三个原则是父母本身要有学习的习惯。学习不是指做数学题，也不是指学英语，而是指父母能够跟孩子一起阅读并理解所阅读的故事——不管是童话故事还是其他适合孩子的故事。我觉得跟孩子一起阅读非常重要,因为阅读可以培养孩子的好奇心,让他们对知识产生渴望。所以,从孩子两三岁开始,家长就要带着孩子读各种绘本,每天读上半个小时,等到孩子七八岁的时候,阅读习惯就已经基本养成了,有可能保持一辈子。

第四个原则是父母要带着孩子去探索世界。从孩子懂事起,我每年都要带孩子去至少两个国家,带他们了解当地的历史文化和风俗民情。每次出发前,我都会用一个月的时间来了解这些国家的历史文化典故,这样,我就可以给孩子现场讲解,比导游讲得都好。带孩子了解世界不仅能培养孩子的探索精神,还能拓宽他们的眼界,这对于他们未来拥有大局观和智慧非常重要。

第五个原则是夫妻的教育理念要一致。最怕的就是父亲要往这边走,母亲要往那边走,孩子会对父母产生怀疑,从而降低父母的威信。另外,永远不要在孩子面前说另一半的坏话,无论两个人关系怎样,不要在孩子面前指责对方。

父母要是把上述这五件事情做好了,我觉得就可以称得上"好父母"了。如果还想做更高分的父母的话,就把这些事情做得极致一些。

被喂饱的熊是死熊

> 为人父母者，请不要把你们的孩子养成被喂得饱饱的熊。对后代稍微"无情"一点，只有给他们更多的机会，他们日后才能更坚强、更自立。而作为"被哺育者"，更不要眷恋"暖巢"，而要主动地成长。

在加拿大山区驾车旅游，经常看到路边竖着一块牌子，上面写着"A fed bear is a dead bear"，翻译成中文就是"被喂饱的熊是死熊"。

刚看到时我不太明白这是什么意思，为什么熊被喂饱了反而是死熊了呢？同车的伙伴告诉我：过去很多人在路边看到熊，十分好奇，就从车里扔东西给熊吃。熊尝到了甜头后，就老在路边等人施舍食物，慢慢就失去了自己觅食的本领。到冬天没有人去喂它们食物时，有的熊就被冻死、饿死了。所以，加拿大政府在路边竖起了很多牌子，提醒大家：把熊喂饱了，实际上就是把熊喂死了。所以说"A fed bear is a dead bear"。

很多为人父母者，出于对子女的爱护和关心，也正把孩子当熊一样喂得饱饱的。现在的很多学生，从小到大，除了会读书以外一无所长。他们既没有独立思考的能力，也没有独立行动的能力，一旦身处陌生的环境中就完全不知所措，变得茫然而无助。究其原因，多是从小被父母溺爱。很多父母完全不明白，对于孩子一生的成功和幸福，到底什么是最重要的。他们为孩子把一切都准备好了，做饭、洗衣、打扫房间、接送上下学，甚至把铅笔都帮孩子削好了，就是忘了最重要的东西：如何把孩子培养成一个能够独立思考、独立行动的人，把孩子锻炼成一个今后在社会上能够勇敢地打拼并取得成功的人。

亲爱的为人父母者，请不要把你们的孩子养成被喂得饱饱的熊，这样做只会把他们送上失败的人生道路。让我们保留一点动物的本能，对后代稍微"无情"一点，只有给他们更多的机会，他们日后才能更坚强、更自立。而作为"被哺育者"，更不要眷恋"暖巢"，而要主动地成长。说到底，强壮的体魄、健全的人格、不断提高的生存能力，才是人立足社会不可或缺的基本素质，而这些是"喂"不出来的，也是家长不能直接给予孩子的。

笨有笨的好处

> 笨有笨的好处。笨的人并不等于没有成就的人,只要具备"目标"和"坚持"这两样东西,成就自然会随之而来;就算没有成就也有收获,因为你毕竟有了与众不同的经历。

中国有个成语叫"笨鸟先飞",人们常常用它来鼓励那些并不聪明的人。但人都是由母亲十月怀胎而来到这个世界的,笨人没有办法提前出生,自然就没有办法先飞起来。到后来开始上学时都是在同一个年龄段,也没有太多的办法提前飞起来。最后,等到发现自己比别人笨时,别人已经飞到前面去了,所以想先飞都不可能了。

那笨鸟能不能飞到目的地呢?答案是能,但需要有一个条件,那就是"笨鸟多飞"。既然先飞不了,飞得又比别人慢,那就要比别人多飞一段时间,用更多的时间和努力来弥补自己先天的不足。

上小学时，我就发现自己很笨了。小学语文老师要求所有学生把课文背出来，很多同学只要在课余时间把课文读几遍，就能够到老师面前去背诵了。背出来后，老师会在课本的课文标题上方用钢笔写上一个大大的"背"字，表明该学生已经把课文背出来了。背出课文的学生就完事大吉。但我无论如何都无法在当天把课文背出来，通常要努力好几天或者一个星期，读上几十遍，才能够把课文背出来。

但后来背得慢的好处也渐渐显现出来，那些背诵速度很快的同学，又很快把背出来的课文忘记了。而我由于要背无数遍才能够把课文记得烂熟于心，也就不太容易忘记了。到期末考试的时候，很多同学又开始重新背课文，而我却依然能够把很多课文从头背到尾，不用复习太多时间就能够应对考试。

有一个故事说雄鹰飞到金字塔的顶端只要一瞬间，而蜗牛爬到金字塔的顶端则需要几年。同样的一件事、一个目标，有些人一瞬间就能够完成，有些人却需要用一辈子的努力去实现。我们可以把那些依靠自己的天赋轻而易举达成目标的人叫作天才，但这个世界上天才人物毕竟只是少数，否则他们就不会被叫作天才了。事实上，世界上那些功勋卓著的人，很多都不是天才，而是经过艰苦卓绝的努力来实现自己目标的人才。就跟爬金字塔的蜗牛一样，他们需要付出超常的耐力和更多的时间。

如果有一件事情摆在我的面前需要我去完成，我宁可选择更艰难的道路，像蜗牛一样爬上金字塔，而不是像雄鹰一样飞上金字塔，这样，我的生命会因此留下更多的回忆和令人感动的瞬间。当我们处在某一时间点上回望过去时，凡是心中珍藏的日子，都是我们付出了汗水和艰辛的努力的日子，是回忆起来让我们感动得泪流满面的日子。

很多看过《阿甘正传》的人都被阿甘的生命轨迹所感动。阿甘是一个笨人，有点傻，却成了人们心目中最成功的人。他因为被同学欺负不得不拼命奔跑，结果成了跑得最快的橄榄球队员；他傻得宁可不要自己的命也要抢救战友，结果成了民族英雄；他一心练习乒乓球废寝忘食，结果成了世界冠军；他努力捕虾一无所获但决不放弃，结果成了最著名的捕虾大王；就连他没有目的的环球跑步，也为他赢得了一大堆的追随者。

我们从中可以得出的结论是：笨的人同样能够获得成就，只要具备两样东西就能够像阿甘一样收获满满。这两样东西就是目标和坚持，有了它们成就通常会随之而来；就算没有成就也有收获，因为你毕竟有了与众不同的经历。

笨有笨的好处。意识到自己笨，也是聪明的开始；意识到自己因为笨所以要非常努力，是迈向成功的开始；意识到自己因为笨不仅需要非常努力，还需要心平气和地给自己足够的时间和耐心，是成为人才的开始。

瀑布里的孩子

> 中国未来的强大,绝对不是因为每个人都能考上名牌大学而强大,而是因为我们的孩子身心健康、积极向上而强大。如果不注重提高孩子的身体素质和培养孩子的独立精神,我们的孩子再聪明,国家也不会真正强大,我们的民族再有钱,在精神上也是匮乏的。

伊瓜苏瀑布是世界上最宽的瀑布,位于南美洲地区。来到伊瓜苏的第二天,我们决定坐船到河上去看瀑布。有两种观赏选择,一种是坐船离开瀑布远一点观看,另一种是直接把船开到瀑布下面,让瀑布的水帘兜头盖脸浇下来,把人淋个透湿。船当然不是普通的船,而是异常结实的大型橡皮艇。

我们选择的自然是更加刺激的进入瀑布的观赏方式。我想,不管水有多大,我只要穿了雨衣上船,就可以确保里面的衣服不会湿了。上船后,却发现一船外国人没有一个穿雨衣的,我坐在他们中间，就像一只猴子贸然走进了一群人中。

一对外国夫妻带着两个小孩，小女孩看上去三岁左右，跟在父母身边，小男孩还被抱在怀里，也就一岁多的样子，也一起上船。我想，老外怎么这样"奇葩"，不顾风险把这么小的孩子带到瀑布底下去浇大水？在中国，只要外面有点风，很多家长就不让这么小的孩子出门了。

强动力的橡皮艇，有两台大马力发动机，轰鸣着从河的下游逆流而上，在汹涌的浪涛中前行。水流在河谷中形成巨大的漩涡，水浪不停地溅上船来，船在浪上大幅度颠簸。我想，要是在这样的河里翻船，估计即使穿着救生衣也很难活着被捞出水面。

伊瓜苏瀑布很大很大，有270多个瀑布点。最大的瀑布"魔鬼喉"，船自然去不了，那里的水流和大浪，再厉害的船也会瞬间被掀翻。船员选了相对平稳的河面，先让大家稳定一下心绪，做好准备。我回头看了一下那两个小孩，一路过来那么颠簸，也没有哭闹，父母一人手里抱着一个，小孩浑身几乎脱得精光。

船轰鸣着冲向了瀑布。巨大的水流雷鸣般轰响着，从四五十米的高空直泻而下，人在水幕中被打得根本就睁不开眼。这时候我才发现穿雨衣根本没用，水劈头盖脸砸下来，然后从雨衣的每一处缝隙冲进衣服里面，几分钟内就全身都湿透了。船员驾驶着橡皮艇，反复冲击瀑布。人们在大水的冲击下和船的大幅度回旋中，大声尖叫着。几分钟后，当船驶离瀑布时，我已经被水冲击得晕头转向，生不如死了。回头看，那两个小孩被父母紧紧抱着，也是目瞪口呆，一动不动。但两个孩子一点没哭，不知道是吓坏了，还是已经被水击昏了。

回程的时候，遇到几个回旋的大浪，涌起的水把整个船都淹没了。一瞬间，所有的人都被浪盖在了水下。我猝不及防，呛了一口水，觉得这一下可能完了。等到船从水里钻出来，我惊魂未定，再看那两个小孩，趴在父母身上，仍然一声不吭。

上岸后，那对夫妻把两个孩子放下，帮助他们脱下了捆在身上的救生衣，孩子好像回过神来了，在父母身边露出了笑容。我瞬间感到，这样的孩子成长起来，抗打击能力和冒险能力也会水到渠成地变强。

那对外国夫妻这样培养、训练孩子，其实是想让孩子养成独立、自由、勇敢的性格。这不仅意味着身体的健康，更意味着精神的强大。反观有些父母在养育孩子时，完全是温室模式，对孩子百般宠爱，几乎为孩子屏蔽掉了所有的困难和危险。到最后，孩子只要吹个风就感冒，沾点水就发烧，风吹草动就进医院，长大后也是一副弱不禁风的样子。这些父母的养育方式，表面上爱护了孩子，实际上伤害了孩子。他们用爱的名义，把孩子们面对世界时本应该拥有的强大和独立剥夺了。

有些人教育孩子，从来不重视身体和精神的教育，只强调知识教育。孩子们天天为考试奋斗，身体劳累，精神疲倦，体育锻炼和户外活动越来越少。这样长大的孩子，脑袋似乎很聪明，却用文弱的身体和残缺的精神做支撑，他们就像长在沙地上的树，只要劲风一吹，就会轰然倒地。

中国未来的强大，绝对不是因为每个人都能考上名牌大学而强大，而是因为我们的孩子身心健康、积极向上而强大。如果不注重提高孩子的身体素质和培养孩子的独立精神，我们的孩子再聪明，国家也不会真正强大，我们的民族再富裕，在精神上也是匮乏的。

关系的深度决定了生命的意义

> 关系离利益越远,离生命的本质就越近。对于人的一生来说,让生命感动并且富有意义的一定是非功利的关系。这些关系让我们有血有肉、有情有义、有爱有恨。在所有人都追求各种链接和关系的今天,我们更需要做的是让凉风吹一下自己,清理一下自己的关系。

在阅读《当呼吸化为空气》一书时,我读到这样一句话:"生命是否有意义,某种程度上要看我们建立的关系的深度。就是人类的关联性加强了生命的意义。"

提到"关系",我们心中常常浮现的是各种各样的人际关系,以及"有关系,好办事"的人情世故。"关系"一词的汉语拼音"guanxi"已经收录在英文词典中,尤其是在中国生活的外国人,常常把"关系"二字挂在嘴边。

确实,在社会中,人与人之间有着各种各样的关系。医生和病人之间的"医患关系"就是一种关系。你交钱我看病，在这种情况下，即使医生在救命，也和生命的意义没有本质联系。但如果一个医生能够像《当呼吸变成空气》的作者保罗·卡拉尼什(Paul Kalanithi)一样，把医生这一职业当作保卫生命的使命来看待，那医生和病人的关系就和生命的意义紧密相连了。

保罗说："我没有哪一天哪一秒质疑过自己为什么选择这份工作，或者问自己到底值不值得。那是一种召唤，保卫生命的召唤，不仅仅是保卫生命，也是保卫别人的个性，甚至说保卫灵魂也不为过。这种召唤的神圣之处，是显而易见的。"病人遇到这样的医生是幸运的，因为在这样的医生眼中，工作已经超越了谋生的界限，他把工作和人生的终极哲学意义联系在了一起。

由此，我们可以得出一个结论，如果关系要和生命意义相连接，如果要在关系中拓展出生命的深度，那么，关系必须和利益切割开来。也就是说，关系离利益越远，离生命的本质就越近。没有利益纠缠的关系，常常能够直击我们的内心，让我们心动、感动、激动，给生命带来丰富的感受，给灵魂带来震颤的丰盈。在电影《血战钢锯岭》中，戴斯蒙德·道斯(Desmond Doss)不顾生命危险从战场上抢救出几十个战友，是基于信仰的坚定意志，基于没有利益纠结的战友之情，这种战友情谊和关系足以感天动地。

同理，当一个老师教学生只是为了拿工资、完成任务，对学生本身的健康成长毫不关心,这样的老师和学生建立的关系是很淡薄的。学生长大成人后一般不会再想起这样的老师,也不愿去看望这样的老师。只有超越利益、基于关爱、能带来生命喜悦的师生关系才是真正有温度、有意义的关系。

在人海中,我们认识的人或许有千千万万,但大部分人都是以利相交或交情浅淡,只有那些与我们相濡以沫的人、一起出生入死的人、一起为了理想和事业相聚的人、一起为了纯粹的爱相守的人,才让生命充盈着依恋和温馨。

对于人的一生来说,为了利益而保留一些关系无可厚非,但让生命感动并且富有意义的一定是非功利的关系。这些关系让我们有血有肉、有情有义、有爱有恨。同学关系、父母子女关系、战友关系之所以深刻,正是因为它们凸显了非功利的特征。

如果我们具备追求更高境界的灵性，也常常可以把功利关系转化为非功利关系。那些真正把人民放在心上的公务员，那些把病人当作亲人的医生，那些把学生当作自己孩子的老师，都能够为生命创造别样的意义和深度。

在所有人都追求各种利益和关系的今天，在许多人都号称微信好友有几千人的时代，我们需要做的不是去认识更多的人，而是让凉风吹一下自己，清理一下自己的关系——看看哪些关系为我们拓展了生命的意义和深度，带来了生命的感动和难忘，哪些是无关紧要浪费生命的肤浅联系。清除一些肤浅的功利关系，也许会让你活得更加纯粹和灵动一些。

成功的七颗种子

> 生命中的任何成功都可以看作开在树上的花、结在树上的果。这棵树之所以能开花结果，是因为它有着非常丰沃的土壤，以及树本身所拥有的开花结果的可能因素：坚毅、自我控制能力、社交情商、对生命的热情、感恩、乐观精神和好奇心。

美国的心理学家曾在过去几十年中对全世界几千位成功人士进行了深刻研究。他们研究的主要目的，是希望从这些成功人士身上找出成功所需要的要素。研究结果表明，对一个人的成功起重要作用的，不是家庭条件、出生地区或学习成绩，而是以下七个因素：

第一是坚毅（Grit）。坚毅就是人在追求人生目标的时候，不论遇到什么挫折与困难，都能够坚忍不拔、坚定不移地继续寻找解决方法以及前进的动力。就好像有的小孩摔倒后能够迅速地从地上爬起来，毫无疑问，这类孩子将来成功的概率会比那些摔倒了就趴在地上哭、不主动爬起来的孩子高很多。

第二是自我控制能力（Self-control）。自我控制能力，就是为了达成未来的理想和目标，能够控制住自己的欲望和克服懒惰，用勤奋的态度专注于目标，并为之努力的一种能力。比如，知道高考很重要，你会控制自己打游戏、"追剧"等行为，专注于学习。拼命学习，相对来说是一种痛苦的经历；但是，通过学习，你未来将会获得一个更大的回报——取得优异的高考成绩，这比现在打游戏更加划算。所以，从这个意义上来说，拥有自我控制能力的人，一般是目标实现能力比较强的人，比较容易取得成功。

第三是社交情商（Social Intelligence）。一个孤僻的人，一般来说思维会相对狭隘；而一个合群的人，会在人群中逐渐展现个人魅力，得到认可，这种正向的认可会激励他，帮助他在与人打交道或者和别人合作的过程中逐渐形成朋友圈或者团队。也因此，这个人会获得更多的帮助和资源，未来就更容易取得成功。

第四是对生命的热情（Zest）。当一个人想起去跋山涉水的时候，他会感到兴奋，这其实就是一种生命活力的表现。如果一个人想起这些就觉得累，觉得还不如在家里睡觉，那么很明显，他对生命的热情不足。

第五是感恩（Gratitude）。我们对帮助过自己的人，对自己的父母，对教给自己知识的老师要感恩；对这个社会给我们提供的各种各样的物质财富、精神财富,我们也需要感恩;对大自然赐给我们的阳光雨露、绿色植被、满天繁星,我们同样要感恩。

第六是乐观精神(Optimism)。毫无疑问,乐观精神与对生命的热情是相关的。因为一个有着乐观精神的人,总觉得自己的生命目标是早晚能够实现的,就像"黄河九十九道弯",最后总会流向大海一样。如果一个人有了乐观精神,他就会觉得自己无论如何都能做成事情,他的心态就会更好,也更加愿意去追求。

第七是好奇心(Curiosity)。从知识层面来说,好奇心会使我们在各种学科的学习中取得好成绩。比如,你对物理原理好奇,对化学反应好奇,对数学方程式好奇,那么一般来说,你的数理化成绩会比较好;你对植物好奇,对动物好奇,那么你的生物成绩通常会比较好。所以,好奇心是我们自愿去吸取知识、

追求知识的巨大动力。好奇心反过来又催生我们对生命的热情，激发我们对生命目标的追求。

我们生命中的任何成功都可以看作开在树上的花、结在树上的果。这棵树之所以能开花结果，是因为它有着非常丰沃的土壤，以及树本身所拥有的开花结果的可能性。

懂得"尊重"的孩子，才会有教养

> 教养是什么？教养就是当你走到一群人中间，或者到别人家里做客时，你的行为恰当得体，让人感到有礼貌和愉悦。

在圣彼得堡（俄罗斯西北部城市）的时候，朋友请我看芭蕾舞剧《天鹅湖》。这场舞剧由圣彼得堡柴可夫斯基芭蕾舞剧团演出，莫斯科国家爱乐交响乐团演奏，演出地点是著名的亚历山大剧院。剧院于1832年在旧剧院的基础上重新设计改建，一百多年过去了，到现在依然功能齐全，几乎每天都有演出。完美的演出团队、完美的地方，我们期待着一场精神上的愉悦和享受。

在演出之前，服务人员反复用多种语言强调，演出期间不能照相。结果演出一开始，几十双手就举起手机照相，好像完全没有听到前面的通知。服务员不断穿梭制止，最后能够明显看出来他的脸上已经出现愠怒的表情。

在演出期间不交头接耳，应该是基本常识。这么好的经典芭蕾舞剧，凡是来的人都应该是为了欣赏而来的。来看热闹也没事，但看热闹也有看热闹的规矩，至少别打扰其他人欣赏。坐在我后面的六个人，大大小小好像是一家子，他们除了照相就是讲话，一边看一边议论，小孩也兴奋参与，其中一个壮汉还往地上吐痰。我当时想回头说说他们，朋友一把拉住我说："你们要是争执起来，丢的都是中国人的脸，说不定就成国际新闻了，算了算了。"可我还是没有忍住，回头盯着他们狠狠地看了一眼。他们好像完全没有在意，继续叽里呱啦地说个不停。

一段舞蹈或一个乐章结束后，大家都会鼓掌，表示感谢和鼓励。大多数人已经很习惯这样的行为，但少数观众没有这个习惯，每次掌声响起的时候，他们都无动于衷。一方面，我们可以宽容地说他们没有养成这习惯；另一方面，我们也可以说他们不懂礼貌，因为即使没有看懂，或者欣赏不了柴可夫斯基如此经典的乐曲，但既然来了，你跟着鼓鼓掌应该是件不费力气的事情。

教养是什么？教养就是当你走到一群人中间，或者到别人家里做客时，你的行为恰当得体，让人感到有礼貌和愉悦。我们到别处旅游，相当于我们是别人家的客人，入乡随俗，一定要按照当地的礼仪规矩行事，这样既给了我们自己面子，也留下了好口碑。可惜有的人好像并不在意这些，还有不少人以此标榜自己"特立独行"。

还有人会有一些坏习惯，比如在任何场合都大声说话，光着膀子在大马路边吃夜宵，纵容小孩子随地大小便，乘车不排队，吃饭铺张浪费，各种炫富消费等。少数国人在国外的一些不良行为导致了严重的后果：有的人在美国因为小孩随地撒尿被指责，有的人在法国因为炫富被抢劫，有的人在德国因为浪费被起诉，还有人因为在泰国古迹上刻画被拘捕……

这些问题的产生，一方面是因为我们的某些不良习惯没有改过来，另一方面是因为我们的礼貌教育不到位。我们的孩子也因为没有受过这方面的教育，承受着无知所带来的苦果。

有些人甚至视法律为儿戏，认为再严重的事情只要通过"找人"就能够摆平。个别父母在孩子犯罪后，第一时间想到的竟然是去贿赂法官。再从深层次说，我们的教育从小就要求孩子服从、守纪律，可是在引导孩子分辨是非、相互尊重等方面做得很不够。很多孩子长大后没有学会如何做一个讲道理、有礼貌、懂规矩的人。因为他们没有在被尊重的氛围中长大，所以他们也不懂得尊重别人。他们已经习惯了权势比规矩重要，横蛮霸道比讲理管用。这种感觉逐渐变成了一种无意识的思维模式和行为方式，体现在日常行为中，就有了亚历山大剧院里大声喧哗、违规照相、随地吐痰等令人难堪的事情。

这些行为，我们不能用一句"素质低"就解释完毕。我们应该反思，寻找产生这样问题的症结，然后对症下药解决问题。这就像一个人得了皮肤病，也许问题并不出在皮肤上，可能是出在内分泌上。我们把内分泌失调这个问题解决了，皮肤上的病自然就没有了。

🌷 当孩子问你，他从哪里来*

> 当孩子问"我从哪里来"的时候，这是他对生命认识的一个里程碑。如果父母能够真诚而坦率地告诉他，他就知道他的生命是和爸爸妈妈紧密联系在一起的，这样一个生命的诞生是奇妙、美好和值得珍视的。

"妈妈，我从哪里来？"当孩子问这个问题的时候，他究竟在经历一种怎样的探索过程？

根据我们所做的家庭性教育调查，问这个问题的孩子年龄最小的是两岁半。两岁半的孩子问这件事的时候，他想知道的是什么？

孩子是天生的哲学家，而且是天生的科学家、语言学家，他有很多要探索的东西，其中特别感兴趣、特别想探索的就是

---

* 本文作者为北京师范大学教授刘文利。

他自己的身体和生命，他想知道自己是从哪里来的。

面对第一次提出这个问题的两岁多的孩子，你只需要告诉他："你是从妈妈肚子里生出来的。"你这样回答，他就已经非常非常满足了，至少他知道，他和妈妈之间有着怎样的联系。

随着孩子年龄的增长和认知水平的提高，他可能还会再想："我是从妈妈身体的什么地方生出来的？"这个问题父母要怎么回答呢？从哪儿生出来的，能说吗？其实，无论是自然分娩还是剖宫产，都可以如实告诉孩子。

如果孩子是自然分娩的，我们可以告诉他，在妈妈两腿之间有一个从身体内部到外部的通道，这个通道叫阴道，小宝宝是从阴道里生出来的。有些孩子对小宝宝从哪里生出来的感到困惑，他会思考，人体的开口都有哪些，他以为小宝宝是从妈妈的嘴里吐出来的，甚至是拉大便的时候拉出来的。如果孩子是剖宫产生出来的，就可以告诉孩子，医生在妈妈肚子上划开了一个口子，然后就把小宝宝从妈妈的子宫里抱出来了。

就是这么简单，我们只需要真诚、坦率地跟孩子说就好。

随着孩子年龄的增长，他可能会进一步思考："我是怎么进到妈妈肚子里的呢？"父母还是应该认真对待并回答这个问题。

我们中国的父母在回答孩子"我从哪里来"这个问题时，特别具有创造性，有很多经典答案，比如说从垃圾堆里捡来的，从石头缝里蹦出来的，从河里捞出来的，从树上摘下来的，用泥塑的，网络上下载的，充话费送的，等等。随着科学技术的发展，可能还会有更加创新的答案，但大家就是回避科学事实，不告诉孩子事实上他是从哪里来的。

其实，告诉孩子他从哪里来，是一个特别好的增进亲子关系的时刻。

当孩子问出这个问题的时候，是他对生命认识的一个里程碑，父母一定要很好地抓住这个难得的机会来建立和孩子之间的紧密联系。当孩子知道自己是从妈妈肚子里生出来的时候，他和妈妈就产生了特别亲密的感情。而当孩子问到他是怎么进到妈妈肚子里的时候，我们也可以告诉他，是爸爸的精子和妈妈的卵细胞结合，形成了受精卵；受精卵在子宫里长大，长到10个月的时候宝宝就生出来了。把这样的事实告诉孩子，让他知道给予他生命的过程，爸爸也有重要贡献。

与此同时，我们还可以告诉孩子，在妈妈怀孕的这10个月中，爸爸对妈妈有特别多的照顾，特别多的关心，爸爸妈妈都盼望小宝宝健康成长。当孩子从爸爸妈妈那里获得这个信息时，他就知道他的生命是和爸爸妈妈紧密联系在一起的，自己生命的诞生是奇妙、美好和值得珍视的，所以他不会轻易放弃自己的生命，他和父母的连接也会变得更加紧密。

其实，还有很多父母会担心孩子继续追问，爸爸的精子是怎么进到妈妈身体里的，觉得实在是说不出口。如果真的说不出口，有一个很好的办法，就是和孩子一起阅读儿童性教育绘本。让孩子知道，是爸爸的阴茎放进了妈妈的阴道里，才把精子送入妈妈的子宫里的。

至此，孩子关于"我从哪里来"的疑问基本得到解决了。我们特别建议父母能亲自和孩子谈关于生命诞生的话题。不要惧怕孩子提问，只要怀着对孩子探索精神的敬畏，真诚回答孩子的问题就可以了。

第二章

小身体大学问

正餐和零食的战争

很多家长都会因为这个问题而头疼：孩子一吃起零食就停不下来，但是到了正餐时间，就喊"我不饿"。即使孩子坐在餐桌旁，吃饭也挑三拣四，好不容易吃了几口，就说吃饱了。过了正餐的时间之后，孩子手上又会拿着零食。当我们询问孩子的时候，他会说："我饿了。"

正餐与零食的战争循环往复地在上演，我们只有找到这种现象背后的深层原因，才能更好地停止这场战争。

孩子天生偏爱高热量食物

人类天生偏爱高热量的食物。高热量的食物可以让人很快获得饱腹感，吃过后会觉得很满足。正是这种满足的愉悦体验让人类喜欢上这类食物的口味或气味。

生长发育中的孩子对能量的需求比较大，所以对高热量的食物有更强的偏好。这也就很好地解释了为什么孩子会喜欢肉类、土豆等菜肴以及高热量的零食。

孩子是品尝食物的专家

> 孩子大约有 10000 个味蕾，它们每 2 周更新一次。随着年龄的增长，味蕾的数量会逐渐减少，成年时味蕾会减少到 5000 个甚至 3000 个左右。

所以，孩子会比成人对味道更加敏感，也更喜欢味道丰富的食物。很多零食中的食品添加剂能够让食物更加美味，比如冰激凌中的乳化剂和增稠剂能够带来爽滑的口感，这让孩子对冰激凌钟爱有加。所以，有了这些"美味"的零食，孩子就更容易嫌弃味道相对"寡淡"的日常正餐。

不必禁止孩子吃零食

不过，我们也没必要"谈零食色变"，并不是所有零食都是不健康的。

> 2020年5月，我国副食流通协会正式发布了《儿童零食通用要求》团体标准。这是我国首个"儿童零食"标准。在这个标准中，明确了3~12岁儿童食用零食的建议。此标准首次提出"儿童零食"的定义，并提出儿童零食营养健康要求，包括儿童零食不能含有反式脂肪酸，不能使用经辐射处理的原料，应少添加糖、盐、油等。

建议家长参考儿童零食官方标准，避免孩子因过量食用不健康零食而出现挑食、厌食、肥胖、龋齿、高血糖、情绪化等健康问题。

让正餐和零食和平相处

事实上，孩子活动量大，消化也快，一日三餐对他们来说是不够的。我们也不该剥夺孩子享受零食的快乐。

* 对学前的孩子来说，我们可以用"三餐两点"的方式安排正餐与零食，也就是在正常三餐之外，增加两次吃零食的时间：在早餐和午餐后的两个小时，即分别在上午10点和下午3点，给孩子加少量的水果、奶制品、坚果等健康的零食。

这样既起到了补充营养的作用，又不影响孩子吃正餐，还可以避免因两顿正餐之间时间过长，孩子产生强烈的饥饿感，进而导致暴饮暴食的情况。

需要注意的是，切忌让孩子零食不断。零食吃得过多，不仅会直接影响孩子正餐的进食量，还会让孩子的肠胃得不到休息，造成消化道功能紊乱。所以我们要少买零食，必要时坚定地把零食收起来。

要想真正避免正餐与零食的战争，正餐吃得好才是最重要的。如果餐桌上频繁出现孩子不爱吃的食物，不管家长费多大劲劝说孩子，孩子仍然会拒绝。这时就需要我们家长想办法让孩子吃好正餐。我们可以尝试下面这些办法：

* （1）增加食材的种类，给孩子更多的选择；
* （2）用孩子喜欢吃的食物替代他不喜欢的食物来保证孩子必需的营养，比如，若孩子不爱喝牛奶，可以试试用奶片替代；
* （3）饭前带着孩子一起去菜市场，让孩子选择他喜欢的食材；
* （4）让孩子参与做饭的过程；
* （5）家长要带着孩子多玩、多运动，消耗掉多余的能量后，孩子就会产生饥饿感，从而食欲大振。

总之，只要我们合理安排，认真执行，不仅能让零食成为孩子童年的美好回忆，也能让孩子吃得营养，吃得健康。希望更多的家庭不再因为孩子的零食问题而烦恼，不再发生正餐与零食的战争。

彩蛋来了

我们购买的所有正规包装的食品都有营养成分表，国家要求营养成分表中必须注明能量和蛋白质、脂肪、碳水化合物、钠等核心营养素的含量以及营养素参考值百分比（NRV％）。

作为父母,我们要学会根据食物的"营养身份证"来选择和购买适合孩子的健康食物。请对比 A 品牌牛奶和 B 品牌糖果的营养成分表。

我们可以常常跟孩子探讨饮食的营养和健康问题,孩子懂得多了,也会主动避免去吃一些垃圾食品。

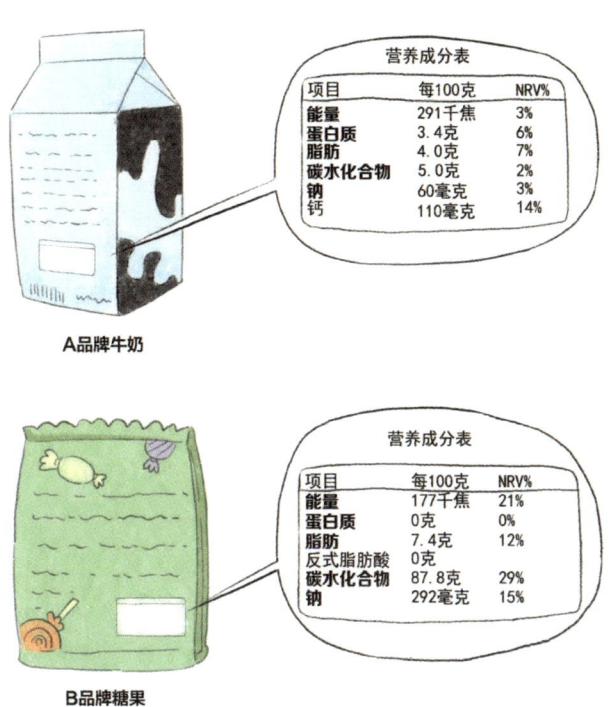

A品牌牛奶

营养成分表		
项目	每100克	NRV%
能量	291千焦	3%
蛋白质	3.4克	6%
脂肪	4.0克	7%
碳水化合物	5.0克	2%
钠	60毫克	3%
钙	110毫克	14%

B品牌糖果

营养成分表		
项目	每100克	NRV%
能量	177千焦	21%
蛋白质	0克	0%
脂肪	7.4克	12%
反式脂肪酸	0克	
碳水化合物	87.8克	29%
钠	292毫克	15%

🌷 不肯睡和不想起的小孩

2017年,三位美国科学家杰弗里·霍尔(Jeffrey C. Hall)、迈克尔·罗斯巴殊(Michael Rosbash)和迈克尔·杨(Michael W. Young)等因发现生物昼夜节律机制荣获诺贝尔生理学与医学奖。他们的研究结果提示我们:当我们的生活方式总和我们身体内部的"计时器"作对时,患上各类疾病的风险就可能会增大。简单地说,就是不要熬夜,到点起床!而孩子,更需要高质量的睡眠。

不过,总有一些孩子精力过于旺盛,到了睡觉时间,却死活不肯睡,让家长精疲力竭。还有一些孩子是"起床困难户",常常要家长软硬兼施才肯起床,让家长非常苦恼。那么,面对不肯睡的小孩和不想起的小孩,我们可以怎么做呢?

到底应该睡多长时间

美国睡眠医学学会睡眠指南中，给出了0~18岁孩子最佳睡眠时间的建议：

* 4~12个月的婴儿：12~16个小时（包括白天的小睡）
* 1~3岁的儿童：11~14个小时（包括白天的小睡）
* 3~5岁的儿童：10~13个小时（包括白天的小睡）
* 6~12岁的儿童：9~12个小时
* 13~18岁的青少年：8~10个小时

每个孩子都要睡这么多吗？美国儿科学会的专家认为，每个孩子因基因、性格、家庭环境等不同，所需的睡眠时间也有所不同，有的睡得多一些，有的睡得少一些，也是正常的。

孩子的睡眠时间是否足够，可以通过观察孩子的情绪和行为来判断。如果孩子总是精力旺盛、独立不黏人、情绪稳定，说明他睡眠充足且质量较高。但如果孩子经常发牢骚、烦躁易怒或精力不足、易疲惫，则说明他可能睡眠不足，应该让他早点上床睡觉了。

让孩子容易入睡

想要让孩子拥有好的睡眠质量，我们需要调整孩子的状态。入睡前的准备是非常重要的，家长可以帮助孩子从以下几个方面入手。

消耗多余精力。有一些孩子精力比较旺盛，不仅在白天上蹦下跳，晚上依然活力满满。对这样的孩子，可以在白天时让他们多玩、多运动，消耗多余的精力，同时适当减少白天的睡眠时间。这样，他们在晚上更容易进入睡眠状态。

避免睡前太兴奋。睡前两小时内尽量不要让孩子进行剧烈的运动或游戏。因为剧烈运动和游戏会促使孩子身体分泌肾上腺激素，让他变得兴奋，难以入睡。全家人可以一起刷牙、洗脸、整理床铺等，给孩子营造一种"要睡觉了"的氛围，让他的大脑安静下来，以便更好地进入睡眠状态。

控制光线。研究表明，黑暗的环境有助于人体分泌褪黑素，而褪黑素具有增加疲劳感、促进睡眠的作用。到了入睡时间，调暗光线后，我们的大脑和身体也会逐渐进入睡眠的状态。如果孩子不敢关灯睡觉，可以将房间内的灯光调成暖黄色。等孩子睡着后，再为他关灯。

降低睡眠噪音。到了孩子的睡觉时间，全家人都应该保持安静，尽量避免大声说话或频繁走动，帮助孩子营造安静的入睡环境。

让孩子容易醒来

俗话说："春困秋乏夏打盹，睡不醒的冬三月。"无论哪一个季节，叫醒熟睡的孩子，都不是一件简单的事情。那怎样做才是叫醒孩子最好的方式呢？家长可以尝试以下几种方法。

让柔和的光线叫醒孩子。早上叫孩子起床时，我们可以轻轻走到窗边，拉开窗帘，保留纱帘，让柔和的阳光透进房间。避免过亮的灯光或太阳光刺激到孩子的双眼。

轻轻叫醒孩子或用触摸的方式唤起孩子。我们可以走到孩子身边，轻轻地喊孩子的名字，也可以摸摸孩子的脸，拍拍孩子的身体，让孩子渐渐进入苏醒的状态。

用游戏唤醒孩子。起床对有些孩子来说是件很痛苦的事，当父母不断催促和怒吼的时候，孩子会大发"起床气"，用赖床的方式来对抗父母。我们不妨用有趣的游戏提供"叫醒服务"，比如笑着跟孩子说"再不起床就挠胳肢窝了"，跟孩子玩闹一会儿；还可以跟孩子玩"肉松卷游戏"，用被子把孩子卷起来，然后一边扯着被子把他从里面颠出来，一边说"快醒醒，大肉卷"；还可以和孩子进行起床比赛，看孩子是否能够在指定时间内起床等。

孩子是希望拥有选择权和掌控感的，所以我们需要多鼓励孩子，唤起他的积极性。这样，孩子一大早就获得了快乐的心情，怎么会舍得赖床呢？

孩子的睡眠问题不容小觑，希望所有的孩子都能轻松入睡、快乐起床，家里的每一个早晨都其乐融融。

🌷 让"懒孩子"动起来

孩子所有的智力发展乃至心理发展其实都是建立在身体发展的基础上的。研究证实，运动不仅可以促进血液循环，增强抵抗力，有助于孩子肌肉和骨骼的发育，也可以锻炼孩子的意志，放松心情。同时，运动还能让孩子的注意力、记忆力和认知能力得到提高，而这些，对孩子今后的学业成绩也有巨大的影响。

虽然运动对孩子有着诸多的好处，可是有的孩子就是不愿意运动。作为家长，我们要怎样帮助"懒孩子"动起来呢？

家长先动起来

如果去观察那些不爱运动的孩子的家庭，我们很可能会发现他们的家长通常也是不爱运动的。如果父母吃完饭就瘫在沙发上刷手机、看电视，很少出去运动，那么孩子就会效仿父母的生活方式。

如果父母本身有运动的习惯，那么父母对运动的热情就能感染孩子，孩子也很可能会和父母一样享受运动的乐趣。所以想让孩子爱上运动，养成运动的习惯，父母要先动起来，而不只是敦促孩子去运动，自己却不参与其中。

给孩子创造运动的机会和氛围

孩子的运动能力是天生的，他们从出生开始就渴望运动。对孩子来说，运动就是玩耍，他们会从中学会控制身体，学会动脑筋，学会解决问题。家长只需要陪着孩子痛痛快快地玩耍就可以了。一个简单的追逐游戏，就可以让孩子无比快乐，而枕头大战之类的游戏，让孩子和父母可以开心地互相"攻击"，这不仅能增进亲子关系，还能让家长释放工作压力。

家长可以多带孩子去户外和其他小朋友一起活动，或者带孩子去球馆、体育场等场所运动。不一定非让孩子参加主流运动项目，只要能让孩子动起来就好。

如果我们家长平时有运动的习惯，比如常打网球，就可以让孩子帮我们捡球和计分。这时，孩子很可能会像玩游戏一样参与其中，乐此不疲地跑去捡球，甚至也想和爸爸妈妈一较高下，不知不觉就动了起来。在父母的影响下，孩子慢慢地就能养成运动的习惯。

此外，我们也可以时常和孩子一起观看和谈论篮球、足球等各种体育比赛，营造热爱体育的家庭氛围，培养孩子对运动的兴趣，这样，在晚饭后或者周末时就可以顺势邀请孩子一起去"玩一局"。

孩子运动要注意的问题

虽然很多学龄前儿童已经可以参加体育活动了,但其实大部分的孩子要到 7 岁基本身体技能才能发展完成。每个孩子都不一样,有的孩子在一方面发展快些,在另一方面发展慢些,因此家长不要因为别人家的孩子做什么运动,就强迫自己的孩子去做同样的运动。

在学前阶段,父母可以根据自己家孩子的情况,让孩子选择拍小篮球、跳绳、跳皮筋、踢小足球或游泳等。我们要根据孩子的年龄和身体素质,帮他选择合适的运动量。一天的运动量不宜过大,一般情况下,一次运动的时间控制在一小时内,且中间安排休息十几分钟为宜。

家长平时在陪孩子运动时,也要适当了解孩子运动的"敏感期"。比如,5~12 岁是孩子柔韧素质发展的敏感期。在这个阶段,孩子骨骼弹性好,可塑性大,关节伸展幅度大,不易受伤,且锻炼效果好。

"罗马不是一天建成的",孩子的运动习惯也不是一两天就能养成的。在孩子会爬的时候就让他多爬,能跑的时候就让他多跑,在每个年龄段都鼓励孩子去尝试他力所能及的运动。家长自己先动起来,并和孩子一起享受运动的乐趣,相信孩子会喜欢上运动的。

> 彩蛋来了

"托乒乓球赛跑"是一个让孩子动起来的小游戏,家长和孩子在家就可以进行。

游戏步骤:

* 第一步:孩子和大人根据家里的环境,设计一条路线,比如从厨房出发,经过客厅,到达阳台,往返一圈。

* 第二步:参与者单手持乒乓球拍,乒乓球放置在球拍上,然后保持这个姿势按照设定的路线跑。

* 第三步:如果乒乓球掉落在地,需要停下来,捡起球并重新放置好后再继续跑。

* 第四步:比一比,三圈内,谁掉落乒乓球的次数最少。

让孩子在游戏中学习

说到"学习",我们容易理解为孩子在学校跟着老师去学习教材上的内容,但这是对学习的一种非常狭窄的理解。对于3~6岁的孩子来说,"学习"这个概念远比我们想象的要宽泛。只要是由经验引起的比较持久的能力或倾向的变化,都叫学习。也就是说,在任何事物上,如果孩子经历了一个从不知到知,从不会到会,认知从少到多或能力由弱到强的变化过程,那么孩子就是在学习了。

实验表明,即使是很小的婴儿,他们通过游戏活动也能够学到一些新的经验。在游戏中学习通常是孩子自发的活动,孩子会自主形成对周围世界的事物和现象的认知,并加深对这些事物的理解。由此可见,在游戏时,孩子不仅是在学习,还是在主动学习和深度学习。

游戏如何促进孩子的发展

1. 认知发展

游戏能为孩子提供想象、创造、选择策略和解决问题的机会。比如,在捉迷藏游戏中,孩子需要思考躲在哪里不容易被发现,有没有工具可以用来掩护自己。这个思考的过程,包含了观察、分析和决策,锻炼了孩子的认知能力。

2. 情绪发展

在游戏中,孩子可以更好地去发展自己的情绪。比如,一个孩子因为挑食,不爱吃青菜,总是被家长批评,他会感到很沮丧。由于年龄尚小,孩子往往不能完整地表达自己的情绪。而在游戏中，孩子掌握控制权，他就可以责备一个挑食的玩具娃娃，并学着妈妈的语气劝说娃娃把青菜都吃完。这其实是孩子在用游戏的方式去处理因为被责备而产生的情绪。游戏很好地促进了孩子对情绪的理解，进而帮孩子发展出处理情绪问题的能力。

3. 语言发展

多人合作游戏能够锻炼孩子的语言表达能力。由于多人合作游戏需要彼此沟通才能传达观点和需求，为了使小伙伴理解自己，孩子会不断修正自己的表达方式。在大家一起玩游戏时，每个孩子都会有自己的想法，当他们意见不一致时，孩子间的争论会促进孩子进行自我反思。在争论的过程中，孩子也可以观察并学习其他孩子成功说服他人的策略。

4. 社会性发展

在游戏中，孩子有机会扮演不同的角色，能获得更成熟的社交技能。例如，孩子在游戏时，可能会扮演爸爸、妈妈或幼儿园老师，这使他学会站在他人的角度思考和解决问题，进而在现实生活中也关注并考虑他人的观点和感受，解决可能出现的争端。

如何帮助孩子在游戏中学习

1. 在生活中发现游戏素材，尊重孩子的自主探索

在著名的意大利瑞吉欧教育体系中，有一种影子游戏，可

以帮助我们了解如何在孩子游戏时，支持孩子进行深度学习。在影子游戏开始时，老师会让孩子们画出在阳光下、灯光下看到的自己的影子。画影子的过程，其实就是让小朋友调动已有的观察经验。画完之后，他们会让孩子再去观察自己的影子，这次观察影子的时候，孩子可能会有更多的发现。有的孩子会思考为什么真实的影子和自己第一次画的时候不一样，有的孩子可能会尝试造出一个特殊形状的影子等。

影子游戏体现了孩子在游戏中学习的过程。我们家长也可以在生活中发现游戏素材，在游戏当中去支持孩子，让孩子按照他自己的方式进行自主探索。

2. 快速入戏，全力配合孩子的游戏

> 儿童心理学家皮亚杰（Jean Piaget）提出，儿童具有"泛灵论"思想，即学前儿童倾向于认为无生命的物体也是有心理、意识的。

例如，有个孩子蹲在地上很长时间，这时候妈妈走过去问她在干什么，孩子说："我是一只蘑菇。"这时候妈妈可以对孩子说："那我就把你这朵蘑菇摘下来吧。"或者妈妈也蹲下来说："我也是一只蘑菇。"在儿童世界的游戏中，大人需要做的就是入戏，配合孩子的表演，而不是强行"植入"知识点。

3. 帮助孩子在游戏中到达"最近发展区"

孩子的能力是在不断发展的，其中一种发展水平是"现有的独立解决问题的水平"，此外，还有一种发展水平叫"通过他人帮助能达到的潜在发展水平"。这两种水平之间的过渡区域叫"最近发展区"。一个人的发展变化实质上是不同时期一系列最近发展区的获得。

实际发展水平　最近发展区　潜在发展水平

举个例子：在刚开始玩拼图的时候，孩子最初的水平就是"用笨办法一块一块地试，蒙对了就对了"；潜在发展水平就是"有策略地寻找正确的拼图块来拼接"。而父母的示范、策略性的指导和启发，能让孩子学会这种拼图技能。因此，父母的引导是孩子在游戏中到达"最近发展区"的重要因素。

孩子有享受游戏的权利。陪伴孩子，从陪他们玩游戏开始。

彩蛋来了

这里有三个亲子小游戏，快与家人共享游戏时光吧！

游戏名称	游戏步骤	能力培养
找不同	第一步：爸爸（或妈妈）事先准备好服装，在卧室穿上，走到客厅让孩子仔细观察 第二步：爸爸（或妈妈）回到卧室，改变自己身上的5件物品，如戴上领带，摘下手表或眼镜等，再回到客厅让孩子找找与上一轮有哪些不同 第三步：角色互换 第四步：比一比，谁在最短的时间内找到了最多的不同	专注力、观察力
穿越雷区	第一步：在空地上设置起点和终点，在中间的地上随意摆放一些小物件，作为雷区 第二步：爸爸（或妈妈）蒙上眼睛，在孩子的语言引导下，绕过所有障碍物 第三步：角色互换 第四步：比一比，谁能用最短的时间安全到达终点	表达能力、听觉理解能力
冰冻舞蹈	第一步：挑一首动感的音乐，爸爸（或妈妈）与孩子一起尽情舞蹈，妈妈（或爸爸）控制音乐 第二步：音乐暂停，舞蹈者要马上停止舞蹈，保持冰冻状态 第三步：音乐再起，继续舞蹈 第四步：不能及时"冰冻"的人为输家	听觉敏感性、反应能力、身体控制和协调能力

第三章

小起点大未来

亲子阅读知多少

> 你或许拥有无限的财富，
> 一箱箱的珠宝与一柜柜的黄金，
> 但你永远不会比我富有，
> 因为我有一位读书给我听的妈妈。

这是美国诗人史斯克兰·吉利兰（Strickland Gillilan）的诗歌，名字叫《阅读妈妈》，这段文字温馨地表达了孩子因为妈妈的陪伴阅读而感到无比幸福的体验。

珍惜孩子的童年，就要尽量多地陪伴他。在亲子共读的珍贵时光里，每翻开一本书，就开启一段甜蜜的亲子心灵之旅。在每段故事情节里，我们与孩子分享各自的见解和发现，建构孩子童年记忆里最温暖、美好的画面。

那么，如何和孩子轻松愉快地享受亲子阅读时光呢？

走在孩子前面

要让孩子爱上阅读,首先我们要走在孩子的前面,做些准备工作,并激发孩子的阅读兴趣。

1. 营造好的家庭阅读环境

家庭的阅读环境非常重要。可以设置有仪式感的空间,比如让孩子拥有阅读专用坐垫、专属的书架,把书放在孩子可以轻易拿到的地方。还要设置固定的家庭阅读时间,比如晚饭后或睡前的时间段等。此外,父母要给孩子做好读书的榜样。

2. 从孩子的兴趣点着手

我们可以从孩子的兴趣点着手,为孩子准备好书。比如孩子喜欢某个动画节目,我们就可以引导孩子阅读与这部动画片相关的书。

父母要做好"亲子阅读预习"工作,及时了解好书的信息,事先了解书的内容、作者背景等信息,这将有助于我们更好地引导孩子的兴趣,为阅读过程中的互动做好铺垫。

3. 带孩子去公共阅读空间

我们可以带孩子去附近的公共阅读空间,去发现更多的好书。好的图书馆、绘本馆和出版社会对图书做筛选,图书的管理和摆放也会考虑到孩子的年龄特点,所以我们大可以放手让孩子自己选书,这能避免家长费心费钱买书而孩子却不喜欢读的情况。

陪在孩子身边

亲子阅读绝不仅仅是家长给孩子念一本书，讲一个故事，还是家长与孩子共同成长的过程。

愿意陪伴孩子读书的家长，一定都认同阅读的价值，认同知识的力量，我们要注意的是，不要急功近利。如果在亲子阅读的过程中，父母一次次问孩子"故事告诉了我们什么道理"，一次次测试孩子的认字能力……长此以往，孩子对阅读的兴趣会被消磨殆尽。

与通过亲子共读培养孩子的各种能力相比，保护孩子们对阅读的兴趣和热爱是更重要的事。

我们陪孩子阅读时，要明白，为孩子读书，不等于机械地念字。父母在读书时要留意孩子是不是理解了自己所读的内容，要跟随孩子的节奏。

绘本是非常适合学前孩子的读物。绘本的一个显著特点是有丰富的图画，甚至一些无字绘本只有图画。图画也是一种语言，和文字内容同样重要。所以陪孩子阅读时，我们要留给孩子足够的时间观察和欣赏图画。大人与孩子因阅历差异对绘本的理解不同，但大家可以一起寻找图画中不显眼的角落里有趣的小细节，也可以一起探讨，图画中的哪些形象画得像真的，哪些形象画得不像真的……

坚持亲子共读的家长，常常会惊喜地发现，因为共读，我们与孩子间会产生一种默契，这种默契让我们和孩子笼罩在一种特殊的亲子氛围中，让亲子关系更加亲密。

走在孩子后面

合上书,我们的阅读还没有结束。爱问是孩子的天性,如果孩子提出与书的内容有关的问题,那么家长一定要认真回答孩子的问题。

书里面的很多故事源于生活,是生活的缩影,我们不妨将故事与日常生活联系起来。我们可以和孩子一起演一演或者画一画故事中的某个情节,改编一下故事的结尾。这些都能让孩子对书的内容有更多的理解和想象。

亲子阅读,是一种温情的陪伴,是孩子走向独立阅读的基础。让我们与孩子一起阅读好书,让阅读成为"悦读"。

> 彩蛋来了

为了帮助孩子将阅读的内容内化到自己的知识网络中去，锻炼孩子的表达能力，我们可以使用下面这个帮助孩子梳理思维、复述故事的工具——五指复述法，4 岁以上的孩子可以使用。

我们知道，一个故事往往包含了人物、环境、难题、事件、结尾五个要素，五指复述法利用五个手指，来帮孩子记住这五个要素。怎么教孩子使用五指复述法呢？

操作步骤：

* 第一步：在孩子一只手的五个手指上写上五个词，从大拇指到小拇指依次是：人物、环境、难题、事件、结尾。

* 第二步：跟孩子解释手指上这五个词的意思。

* 第三步：用提问的方法，引导孩子根据手指上的关键词来复述故事。我们可以依次问孩子这些问题：这个故事的主人公是谁？这个故事发生在什么时间，什么地点？主人公遇到了什么难题？中间发生了什么事？故事的结尾是什么？

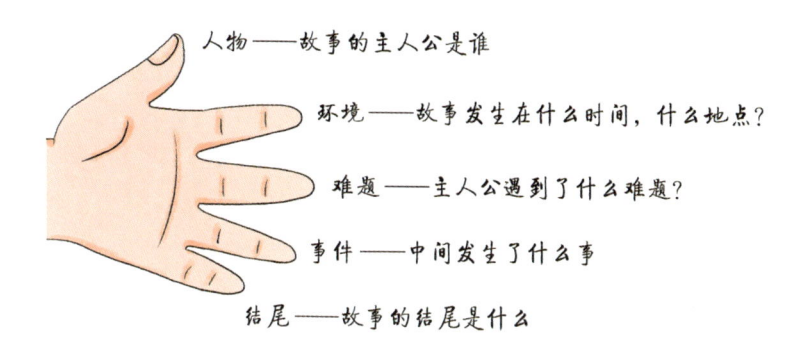

人物——故事的主人公是谁

环境——故事发生在什么时间，什么地点？

难题——主人公遇到了什么难题？

事件——中间发生了什么事

结尾——故事的结尾是什么

如果发现孩子忘记了一些情节，可以根据情况和孩子一起重新读一遍，或者引导孩子仔细回忆。

在最初引导的时候，我们可以有意识地多使用"首先""接着""然后""最后"这类表示先后顺序的关联词，帮助孩子说话更有条理，逻辑更加清晰。

熟悉五指复述法后，孩子在阅读时就会主动抓取故事的要素，更加主动地吸收有用的信息。

快和孩子一起动动我们神奇的手指吧。

❦ 不可量化的艺术素养

人有两大心智能力：一种是理性的，一种是感性的。理性与科学相关，感性与艺术相关。科学征服了世界，艺术美化了世界。二者相互依存，又相互促进。一个人想要获得幸福，不仅需要"获得幸福生活条件"的能力，还需要"体验幸福感受"的素质。

非常遗憾的是，大量的家长仅仅用理性的、知识性的东西装满了孩子的童年，希望孩子将来能够找到好工作，"获得幸福生活的条件"，而把与升学、考试关联性不高的艺术视为浪费时间的事，压制孩子对艺术的兴趣。这些家长剥夺了孩子"感性素质"的发展机会，这可能会减弱孩子此生的幸福感。

每个人对艺术审美都有天然本能

我们的每种感觉器官都有对美的需求，我们要穿好看的服装、听美好的音乐、闻芬芳的香气，还要吃美味的食物……这些感官愉悦的需要，也对应了人类创造的各个艺术门类。

琴棋书画，在我国古时被称为"四艺"，是古代文人墨客必须掌握的技能。其中，琴排在第一位。古往今来，人们都把听音乐视为人生中的美好享受。我们每个人都有天然的本能，对音乐有最直接的审美反应。6~8个月的婴儿就可以明显且准确地随着音乐律动，1~2岁的小孩就能跟着音乐跳舞。可惜的是，我们很多人上学后接触的音乐课或在各种媒体上接触的音乐内容，基本上都以乐曲解说为核心，反而让我们觉得自己没有音乐细胞，觉得音乐高深难懂，搞不懂该怎么欣赏。其实，我们只需打开耳朵，享受音乐之美就好。

对书法、绘画等艺术作品的欣赏莫不如此。

艺术素养让孩子拥有体验幸福的能力

虽说3~6岁的孩子理解能力还比较有限，但这个年龄段的孩子，通常拥有奇特而丰富的想象力和强烈的情感。当代著名作家张炜在他的文章《感动的能力》中说："麻木的心灵是不会产生艺术的。艺术当然是感动的产物，最能感动的是儿童，因为周围的世界对他而言满目新鲜，儿童的感动是有深度的——源于生命的激越。"孩子信手拈来的涂鸦，稚嫩清澈的小诗，随心创作的舞蹈或歌曲，无一不在诉说着他们的情感，他们的想象以及他们对生命、对世界的感受。

近年来，中国越来越重视审美教育，致力于培养"完整的人"，以期达到美化人们心灵、行为、语言、体态，提高人们道德与智慧的目的。在物质日益丰富、心理问题愈显突出的现代社会，审美教育将发挥越来越重要的，甚至是不可替代的作用。一个拥有审美能力的孩子拥有更多元的视角，更强的对美的理解能力、更好地享受生活的能力，以及更充裕的体验幸福、享受幸福的能力。

艺术素养的培养

孩子对艺术、对美的感觉需要父母小心保护。如果面对孩子全心投入创作的作品，父母不抱着鉴赏的态度给予赞赏，而是用批判的态度吹毛求疵，就会破坏孩子的艺术创作热情，成为孩子艺术修养之路上的绊脚石。

这里的"批判"与父母本身的认知有关，比如我们认为孩子的作品不符合主流审美的标准，于是对孩子说"你画得不好看"；或者我们无法理解孩子，于是质疑地问孩子："你这唱的什么呀！老师是这样教的吗？"

而"鉴赏"则是发自内心地去欣赏孩子的艺术作品，赞美孩子在其中的想象和创造。即使孩子举着一张我们根本看不懂的涂鸦，我们也可以跟孩子说："宝贝，你愿意跟我讲讲，你想表达的是什么吗？"

不批判、带着欣赏的眼光看待孩子的作品，是保护孩子对艺术的感觉的基础。在此基础上，我们还可以通过以下几种方法来培育孩子的艺术素养。

1. 饱尝艺术的盛宴。平日里，我们可以多带孩子去参加一些中西方艺术家的画展、舞台剧演出、交响音乐会等，耳濡目染中就可以提升孩子的艺术鉴赏力和审美能力。

2. 读古今美文。我们需要多花一些心思，多给孩子选一些文字优美、生动的书籍来读。比如，体现中华民族传统文化的唐诗宋词，优美的现代散文、诗歌，最好是绘本。我们可以读给孩子听，再让孩子在自己理解的基础上把文字内容画出来或唱出来。

3. 探索世界，拥抱大自然。审美教育的最终目标，并不单单是提升孩子对艺术的鉴赏或创造能力，更重要的是培养孩子对世界的热爱。因为热爱世界的孩子会更加热爱生命。所以，父母在节假日可以多带孩子去探索不同地方的文化、风土人情，平时也可以经常带孩子去亲近大自然，让孩子去感受鲜花、雨露、山峦、河流之美，体验大自然书写的动人心魄的瑰丽诗篇。在这样的浸润下，孩子的生命定会变得更加丰厚和充盈。

最后，分享一首俞敏洪老师在贵州兴隆田字格小学做公益时朗诵过的大山里的孩子写的诗：

> 我是一滴水，
> 我是一滴小小的清澈的水，
> 我是天空和大自然的孩子，
> 我是河流和太阳的结合，
> 我是可以喝的露珠和河流，
> 我是可以找到的小花和小草，
> 我是凝结的泪水和洁白的雪花，
> 我是开心的露水和快乐的微笑。

每个孩子都应该享受自然的馈赠，每个孩子都有机会成为自己人生的艺术家。

彩蛋来了

利用周末时间和孩子画一幅不一样的创意画吧。

准备一套水彩颜料，再准备一些棉签、勺子、叉子、牙签之类的工具，试试看如何将这几样物品变成"画笔"，画出属于你们的"家庭艺术"！

🌷 儿童大脑发育的奥秘

我们都希望自己的孩子脑瓜灵光、聪慧过人,所以很多家长早早就安排孩子接受智力开发训练、学习相关知识。但过于心急有时会让我们走入一些教育误区。其实,我们最需要了解的是孩子大脑的发育特点。

并不是大脑发育越早,智力就一定越高

美国国家精神健康研究所的一项研究表明,并不是大脑发育越早,长大后智力就越高。

他们对307名志愿者进行了长达15年的跟踪调查,在志愿者6至20岁之间,每隔两年对大脑进行一次扫描,并根据智商测试结果将志愿者分为一般智商、高智商和超高智商三组。

结果显示,一般智商组的大脑皮层厚度在学龄初期(7岁左右)就已达到峰值,之后随着年龄的增长逐渐变薄。而超高智商组的大脑皮层厚度在7岁左右是远低于其他两组的,并且

峰值的出现（11~12岁）也晚于其他两组。大脑皮层厚度是一个与智商呈正相关的指标，也就是说，一些长大后很聪明的人，小时候可能并不出众。

所以说，学前起点高未必是好事。我们身边也能看到很多这样的例子，小学时平凡无奇，中学后变身学霸。

大脑中的资源是有限的，很少有人样样都好

脑科学家洪兰教授在科普讲座中告诉大家："上天是很公平的，空间能力强的人往往语言能力不怎么样；语言能力强的人，空间能力常常较弱。也就是说，大脑中的资源是有限的，很少有人得天独厚样样都好，所以我们不必去苛求孩子。"

洪兰老师还以爱因斯坦为例说明大脑发育的特点。爱因斯坦去世后，科学家解剖了他的脑，发现他的大脑顶叶负责数学能力与空间推理的部分比常人要大15%，他的脑细胞也比常人的多。可是爱因斯坦到3岁才会说话，按现在的标准，会被认为语言发育迟缓。他的私人书信及日记被公布后，甚至有人认为他是阅读障碍者。

因此，家长们了解儿童大脑发育的特点后，在育儿路上应该顺其自然，教会孩子"了解自己的长处，接受自己的短处"，这是非常重要的。

遵循孩子的思维发展规律，求稳不求快

学前儿童的思维方式是具体、形象的，他们要靠接触大量生活中的实物和图片来认识事物。孩子只有在大脑中积累了足够多的知觉表象（指基于知觉在大脑中形成的感性形象），才能为未来的学习打下坚实的基础。

我们最初教孩子数数，都是借助实物完成的。比如家里有几口人，桌子上有几个苹果，筐里有几个球，然后指着这些实物教孩子"1、2、3"，一个一个地数。识字也是一样。最初先用图片或实物告诉孩子这是什么，让孩子学会说，等孩子3岁以后再用图片加文字的方式，让孩子在事物的形象与汉字之间建立联系，从而认识这个字。

也就是说，学前儿童的学习一定要建立在实物或图像的基础上。数字、汉字、字母其实是相对抽象的符号，如果让尚未发展出抽象思维的儿童只通过符号去学习，孩子会感到难以理解，因为这是违背孩子认知发展规律的。

形象思维到抽象思维的转变不是瞬间发生的，从记住事物的形象到可以用一个符号来代替这个事物，这是一个积累和自然转化的过程，也是人类学习的必经之路。

有些家长急于让孩子超前学习，用"刷题"、背诵口诀等违背学前儿童学习特点的方法来指导孩子。这时孩子表现出来的"学会"，更多靠的是记忆而不是思维。表面上孩子聪慧过人，超过了很多小学低年级学生，但这只能证明孩子的记忆力好，

并不能说明学习能力强。在将来的学习中，孩子还可能会因为早期不适宜的学习经验而出现理解、想象等方面的困难，直接影响思维的发展。而孩子超前学的"优势"，绝大多数在二年级就会被"拉齐"。

所以学前学习一定不要跳过或省略形象思维的阶段，不要过早地让孩子开始符号化学习。不必羡慕那些学前就能读四大名著的孩子，也不要着急让自己的孩子熟练掌握加减运算，跟随孩子的节奏，给他适合的知识，这才是最好的教育。

从幼儿园到小学，是童年生活的自然延伸

告别幼儿园，进入小学，这是孩子生命中的一个重要转折点。小学一年级究竟学些什么？孩子能适应小学的生活吗？上课坐不住，忘记写作业怎么办？作为父母，我们很难不去担心这些事情。但对幼小衔接的认知偏差会导致很多家长过度焦虑，不由自主地夸大幼儿园和小学的差异，让孩子的生活被扭曲。

事实上，从幼儿园到小学是童年生活的自然延伸。一方面，幼儿园教育本身就具有为孩子读小学做准备的功能，小学里的软件和硬件设施也能帮助学生适应小学生活；另一方面，如果家长能配合幼儿园和小学开展正常的衔接教育，把握入学准备的关键因素，孩子入学后就能比较顺利地适应新环境。

有信任自然带来惊喜

有些家长比孩子还要担心，恨不能把孩子上学以后可能遇

到的事情都想到了——孩子被老师批评了怎么办？与同学闹矛盾了怎么办？甚至是饿了、困了怎么办？然后反复叮嘱孩子该怎样做，唯恐孩子解决不了，自己又鞭长莫及。

其实，这些担忧的背后，隐藏的是我们对孩子的不信任。我们认为孩子目前的能力不足，这也让入学成了我们心中一座难以逾越的大山。对孩子来说，家长是最亲近的人。最亲近的人都不信任自己，孩子会感到特别失落，自我价值感也会因此降低，做事容易缺乏动力。家长的过分担心、事事包办和处处提醒，阻碍了孩子独立个性的养成，也阻碍了他们能力的发展。

所以，家长要在不信任孩子和盲目信任孩子间找到平衡点，充分了解孩子哪些事有能力做好，并认可他的能力，同时也要指导孩子提升能力不足的地方。收获了我们的信任后，孩子通常会更有动力和信心去做更多的尝试，带给我们更多的惊喜。

懂规矩自然能够适应

有家长反映，孩子上了一年级后，觉得学校规矩太多，这个不行、那个不准，一点自由也没有，不愿意上学；还有一些孩子经常不遵守学校规则，致使老师频繁请家长。

小学对孩子行为规范的要求是很高的。如果家长发现孩子的规则意识薄弱，那么这个问题多半在学前就一直存在，需要引起足够的重视。

古人说，教育孩子要"慎在其始"，孩子从小就需要学规矩。给孩子立规矩是家庭教育的重要任务。从天性来讲，人的很多本能都与社会规则相冲突，所以家长要让孩子知道学规矩的重要性和必要性，让孩子用规矩约束自己。家长不要总觉得孩子还小，长大自然就懂规矩了，如果不从小就给孩子设立规则感和边界感，那么无疑是给孩子日后走进校园、立足社会埋下隐患。

有动力自然想要上学

近年来，很多家长深陷教育焦虑，尤其是精英人群。他们希望孩子比自己更成功，所以强迫孩子去完成自己没做到的事；他们总是想给孩子选择"最好、最正确"的路，并为此反复折腾。

为了备战"幼升小"，很多孩子从 3 岁开始，就被家长"打鸡血"，走上了"求知若渴"的"牛娃"之路。孩子的每一天都被各种超出自己学习能力的知识填满，被迫用自己根本无法掌握的方法去学习。很多孩子因此体验到了巨大的挫败感，对学习产生了抵触心理，甚至出现"没入学就厌学"的现象。

太多的案例告诉我们，大量的孩子从小就被卷入拼学校、拼成绩的战场，家长把自己能想到的都尽量做到了，唯一忘记的一点就是问问孩子真实的想法和感受。这样拼来拼去，孩子或许并不快乐。

教育是点滴积累的过程。一个不到七岁的孩子，在遇到学习困难不知所措的时候，他的无助、恐慌甚至绝望的样子多让人心疼。

在学前这个年龄阶段，有哪些因素可以让孩子高高兴兴地去学习？第一种因素是孩子对知识本身有兴趣，求知若渴。心理学研究证明：自我发起的学习是最持久、最深刻的。有趣生动的课程无疑对孩子很有吸引力，因为喜欢，孩子就会兴致勃勃地去学；第二种因素是家长、老师的表扬和奖励，以及小伙伴的赞美等。

学习兴趣是培养出来的，用心的家长在孩子上幼儿园的阶段会主动去激发、保护孩子的好奇心，比如切西瓜时就给孩子讲什么是"四分之一"，孩子不懂也没关系，重在唤起兴趣。久而久之，孩子会越来越喜欢动脑。

当然，随着孩子年龄的增长，家长要告诉孩子，学习不单纯是玩耍，不能只凭兴趣，有时会遇到困难，有时会感到枯燥，而凭借毅力和方法战胜困难和枯燥，会给人带来成就感，令人感到自豪。因此，我们既要把喜欢的功课学好，也要想办法把不喜欢的功课学好。

第四章

小心理大关怀

允许孩子哭是培养情商的第一步

我们总是希望给孩子一个幸福快乐的童年,希望每天看到孩子灿烂的笑脸。然而,孩子总会因为各种各样的原因而哭泣。看到孩子哭的时候,我们常常跟孩子说:

"不许哭,再哭我就不要你了!"

"这点小事有什么好哭的,别哭了!"

"哭哭哭,就知道哭,别那么没出息!"

因为我们会觉得,哭是孩子娇气或脆弱的表现,抑或是孩子要达到自己的目的时要挟大人的手段。特别是孩子在公共场所哭的时候,我们还会觉得没面子。所以,我们总会软硬兼施,只是为了阻止孩子继续哭泣。

其实,哭和笑一样,都是自然的情绪流露。孩子每一次哭泣都是一个自愈的过程。允许孩子哭,让孩子的情绪得以发泄,才能更好地帮助孩子穿越困境,重新获得希望、信心和力量。

哭，是孩子自我调节的过程

美国心理学学者苏珊·戴维（Susan David）说："让孩子停止哭泣，并迅速变得开心，会让孩子的情绪敏感度变得非常低，未来的情商也会受影响。"

哭，是孩子的权利，也是他们自我调节的一个过程。如果父母一味地制止孩子哭，孩子看似不哭了，变得懂事、坚强了，但事实上孩子的感受被忽略，情绪被压抑，不再敢做真实的自己，久而久之，就活成了一种"假自我"的状态。

> 英国心理学家唐纳德·W. 温尼科特（Donald.W.Winnicott）提出了"真自我"与"假自我"的概念。"真自我"和"假自我"首先在孩子与妈妈或其他主要抚育人的关系中形成，而后扩展到其他所有关系中。有"真自我"的人，他的自我围绕着自己的感受而构建；有"假自我"的人，他的自我围绕着妈妈或主要抚育人的感受而构建。

如果父母能接纳孩子哭，孩子就会自然地释放内心的情绪，从而变得更有力量。如果父母常常制止孩子哭，孩子就学会了压抑和隐忍，甚至再也不在父母面前表露情绪。这些不被允许哭的孩子，在看到别人哭时，心里那个"不允许哭"的声音就会出现，他也不会接纳和认同别人哭。被理解的孩子，才能理解别人的情绪，才能有同理心。

"抱慰"哭泣的孩子

当天真单纯的孩子，因为语言发展的限制，无法准确表达自己的想法和需求时，他们常常用哭来表达。当孩子产生难过等负面情绪时，他们也会哭。

所以，孩子哭的时候，正是孩子需要父母的爱和帮助的时候。此时，我们可以"抱慰"孩子。"抱慰"就是指"抱着安慰"。我们可以抱着孩子，等孩子哭完再处理事情。不要因为孩子哭就开始焦虑，更不要斥责孩子，也不要着急问原因，只是先拥抱着、陪伴着孩子。我们这样做，孩子会感受到自己是被父母认可的、被支持的。被允许哭的孩子，不仅不会变得脆弱，反而会因为我们接纳他的情绪并和他一起处理问题，内心充满了安全感，拥有面对失败和挫折的勇气。

教孩子表达情绪

教孩子恰当地表达情绪，是培养孩子情商的关键一步。孩子的语言能力比较弱，当孩子不知道如何用语言表达情绪时，父母可以先替他说出感受或需求。等孩子的情绪平复了，我们再帮孩子回顾刚刚发生的事情，并告诉孩子，在遇到困难的时候，如何用语言表达自己的感受和想法，而不是一味地哭。

父母可以参考以下句式教孩子表达情绪，并让孩子明白，我们虽然有情绪，但依旧可以平和地好好说话。

（1）我很生气（或委屈、着急等），因为……

（2）我希望（或想）……

（3）你这样做，让我有点不舒服。

哭是孩子的本能。被允许哭的孩子，才能学会勇敢和坚强，才能拥有同理心，才会善待别人。请允许孩子痛痛快快地哭吧！

彩蛋来了

当孩子哭泣时，父母不同的回应方式带给孩子的体验是不同的。孩子哭的时候，你的回应属于下表中的哪一种？和孩子一起分别演练、体验两种不同的回应，请孩子说一说这两种回应带给他的感受。建议每种对话方式演练三遍。

沟通方式	第一种回应	第二种回应
肢体语言	厌烦的眼神，愤怒地揪拽孩子的上衣	抱慰孩子
语气语调	生气的语气	理解、平和的语气
口头语言	哭什么哭！有什么可哭的！	我看到你现在很生气（或伤心、委屈等）

谁来管管家里的"火爆龙"

每个孩子都是上天送给父母的小天使,可有些孩子稍不顺心就从可爱的小天使变成了作天作地的小恶魔,大吼大叫、大哭大闹,甚至还摔东西……那么,究竟要怎样做才能管好这条"火爆龙"呢?

小小年纪,脾气为何这么大

1. 语言表达能力有限

3~6岁的孩子,虽然已经掌握了大量的词汇,但是语言组织和表达能力有限,尤其是在有情绪的时候,常常会出现"嘴巴跟不上思维"的情况。孩子说不明白,表达不清楚,就容易让周围的人误会他的意思。那一刻,孩子会感受到不被理解,进而就会产生沮丧、着急的情绪,最后只能通过"发脾气"来宣泄了。

2. 寻求关注

美国心理学家威廉·詹姆斯（William James）说过这样一句话："在人类的天性中，最深层的本性就是渴望得到别人的重视。"孩子需要父母的关注和关心，当他们觉得自己被忽略了，便会无理取闹，以获得父母的注意。

3. 与父母情绪有关

心理学研究发现：当孩子哭时，一部分父母会感到难受、烦躁不堪，原因是父母在自己的成长过程中，内心积累了很多负面情绪，一直没有宣泄的机会。孩子的哭闹，会触及父母内心的同类负面情绪，因为潜意识里担心自己失控，所以也不允许孩子发泄。因此，父母本身要先直面并管理自己的情绪，才能真正引导孩子。

面对孩子的坏脾气，我们可以做什么

面对撒泼耍赖的孩子，父母的做法通常是软硬兼施。先是百般哄劝，各种妥协，如果孩子不买账，再来硬的——"再不听话，妈妈不要你了"。事实证明，软硬兼施的方式"治标不治本"。面对家里的那个"火爆龙"，我们可以分四步走：

1. 接纳孩子的情绪

愤怒是一种正常的情绪，孩子也有权利表达自己的愤怒和不开心。当孩子有情绪时，我们不要急着去阻止、呵斥孩子，而是允许孩子的情绪"飞"一会儿。如果孩子摔东西,我们可以抓着他的双手,看着他的眼睛,或者抱住他,让他在我们的臂弯里待一会,又或者蹲下来,用纸巾给他擦擦气急败坏的眼泪。总之,我们要允许孩子释放自己的情绪,让他明白,他是可以有情绪的。

2. 帮助孩子认识情绪

当孩子的心情渐渐平复下来时,我们可以用冷静的语气来描述孩子刚才的状态,引导孩子认识到自己的情绪。比如我们可以说:"孩子,你刚才看起来很生气,像一只发怒的小狮子,并且把东西扔得到处都是。"或者也可以用一些疑问句,比如:"你把东西扔到地上,是因为我没让你看电视,你生气了,是吗?"用情绪词汇来描述孩子的心情,更容易让他冷静下来,同时也能帮助他认识自己的情绪。

3. 引导孩子正确表达情绪

等孩子冷静下来后,我们可以引导他用恰当的方式来表达情绪。比如告诉孩子:"爸爸妈妈知道你很生气,但一生气就扔东西是不对的,当下次你再生气的时候,你可以大声告诉我们'我生气了!'。"除了用语言表达情绪,我们也可以引导孩子用其他方式表达、调节情绪,比如画画、运动等。

4. 和孩子一起清理现场,让孩子学会承担发脾气后的责任

我们可以告诉孩子:"刚才你生气时把好多东西都扔到地上

了，不过你是一个勇于承担责任的好孩子，我们需要一起把这些东西收拾起来。"打扫的时候我们也可以说："这个玩具是你最喜欢的呢，下次不要再扔它了。"

孩子的情绪需要被接纳、被理解、被表达，才能被驾驭。放任和宠溺只会培养出一个绝对以自我为中心的孩子。面对家中的那个"火爆龙"，我们不能简单粗暴地制止，而是要接纳他的情绪，允许他释放情绪，同时教会他表达情绪。

彩蛋来了

学前孩子的情绪表达方式普遍是很单纯的，开心就笑，不开心就闹。家长和孩子可以玩一玩"喜怒哀乐秀"游戏，帮助孩子了解情绪。

游戏步骤：

✻ 第一步：在空白卡片上写出一些"情绪词"和"身体部位词"，按照词的内容分两堆扣在桌子上。

✻ 第二步：每个人依次从两堆卡片中各抽出一张，然后用抽出的"身体部位"对"情绪"进行表演。比如"伤心的脸""高兴的脑袋""愤怒的屁股""激动的肩膀""沮丧的胳膊"……

✻ 第三步：总结每个人的表演中最值得称赞的部分，以增强孩子对情绪的感受。

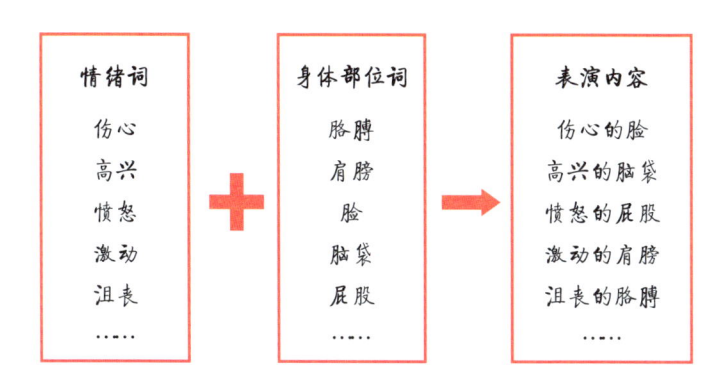

情绪词		身体部位词		表演内容
伤心 高兴 愤怒 激动 沮丧 ……	＋	胳膊 肩膀 脸 脑袋 屁股 ……	→	伤心的脸 高兴的脑袋 愤怒的屁股 激动的肩膀 沮丧的胳膊 ……

孩子不敢尝试，缺的不只是鼓励

我们家长都希望孩子对世界充满好奇，敢于尝试新事物，自信大方。但有时孩子难免会展现出"小乌龟"的一面。当孩子面对新环境、挑战或困难时，有时会表现得胆怯退缩。比如表演节目不敢上台，到了嬉水乐园因怕水不敢下水，见到陌生人不敢讲话，等等。

现在越来越多的家长意识到，此时不能批评孩子胆怯，也不能逼迫孩子，而应该采用讲道理和安慰、奖励的方法。可假如家长这样做了之后，孩子还是担心害怕，我们该怎么办呢？

等待，给孩子预热的时间

孩子不敢尝试，其中一个原因是害羞。这时，如果家长对孩子说"没事，别害羞，勇敢点儿"，孩子就能不再害羞、立刻行动吗？当然不会。

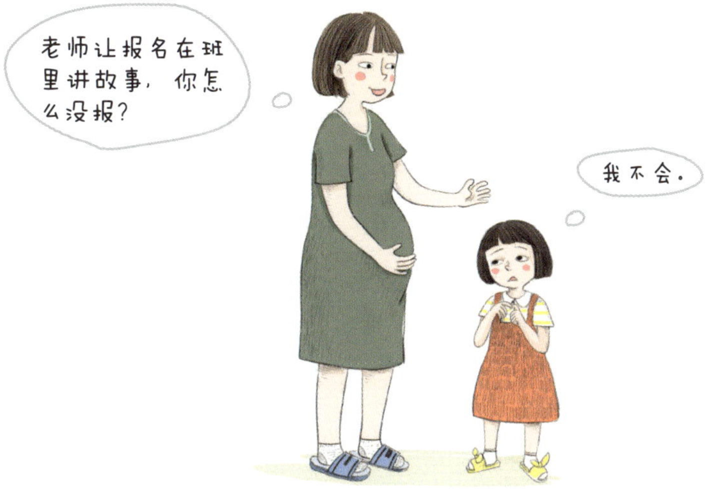
老师让报名在班里讲故事，你怎么没报？
我不会。

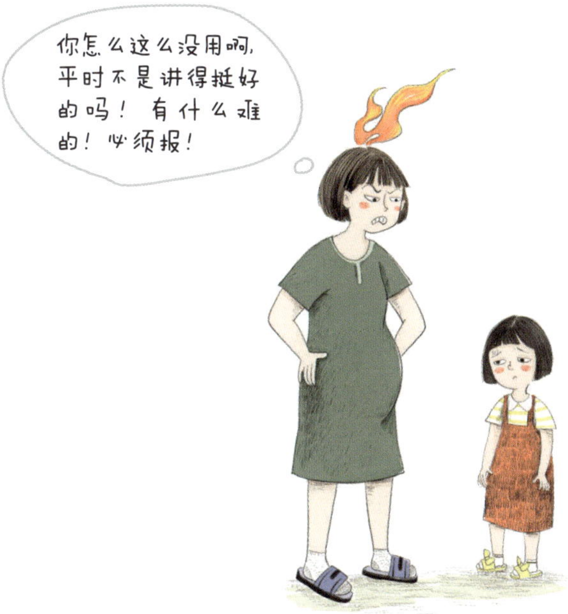
你怎么这么没用啊，平时不是讲得挺好的吗！有什么难的！必须报！

每个孩子都有自己与外界互动的节奏，害羞的孩子往往是"慢热型"的。他们处于新环境时，常常需要一些时间来适应，让自己感到自在一些，然后才能主动做出一些行为。

对此，心理学家塔玛尔·钱斯基(Tamar Chansky)的建议是：从现在开始转换一个思路——孩子并不是陷入了害羞的困境，而是在慢慢地、持续地尝试与外界建立联系。你的孩子不是害羞，而是"需要一点儿时间来预热"。

所以，如果我们想让孩子尝试做某件事，就要多给他一点准备时间。等孩子对这件事有更多的了解和更完整的思考，并在心里预演过几遍之后，他对做好这件事的把握就能大一些。这时候我们再鼓励孩子，孩子通常会更愿意尝试。

"有勇气"不等于"不害怕"。真正的勇气是虽然害怕，但能够克服恐惧并有所行动。

接纳，让孩子知道他的感受没问题

除了害羞，孩子还有可能因为畏难而却步。大多数家长在孩子有畏难情绪时，会对孩子说："这件事没那么难，你肯定可以的。"但这不是孩子需要的反馈。此时他最需要的其实是家长承认这个"难"，共情他的"不敢"。当我们否定事情的"难"，或对孩子的感受不以为然，极力给他灌输"这事不难"的感受时，我们传递的信息是："你的感受有问题！"这会削弱孩子的力量感，让孩子更难迈出这一步。

其实，适当的压力对孩子是有好处的，能让孩子更加全神贯注，调动全身心的能量去做好一件事。当我们参加比赛、表演等活动时，我们会感受到心跳加快、呼吸急促、手心出汗等生理反应，这是因为我们太紧张了。但我们也可以把这些解释成：这是身体在提醒我们要兴奋起来，去全力面对挑战。

所以面对压力时，我们不妨跟孩子说："你的心之所以跳得更快了，是因为你在为这项挑战做准备。呼吸加快，是因为要给大脑更多氧气，这样你才能表现得更好。我们身体的这些反应都是在帮助我们更好地应对挑战。"孩子就会觉得，有这样的感受是正常的，而且并不糟糕，他便会感到释然。

轻推，让他勇敢往前走一步

除了接纳孩子，我们还需要轻轻地推他一把。其实，孩子的内心是矛盾的，一方面因为任务有难度，他本能地害怕而想要逃避；但另一方面，他也想去突破自己，去体会成功之后的喜悦。

很多时候，当孩子说"我可不可以不参加这次比赛"时，我们会看到孩子的眼睛里，除了害怕，还闪烁着渴望。作为成年人，我们或多或少都曾有过这样的体会：我们希望自己在过去的某个时刻，可以更勇敢一点，跨出那关键的一步。所以，当孩子想要放弃之时，等待和接纳可能远远不够，我们还需要做的是，帮他缓解压力，并轻推他，让他勇敢地再往前走一步。

人生本来就是一段神奇的旅程，孩子的成长过程亦是如此。让我们对孩子说："去尝试吧！"

夸孩子夸到点子上

近些年来，越来越多的父母认识到了培养孩子的自尊心和自信心的重要性。他们反思了自己小时候所接受的以"挫折"为主的教育经历，对自己的孩子更多地采取"赏识"的教育方式。然而，不少父母也渐渐发现，一路被"赏识"大的孩子身上又出现了自我膨胀、抗挫折能力弱、适应性差等问题，这让家长们不知如何是好。到底该怎么把握夸孩子的分寸呢？

多给孩子正面反馈

> 心理学中有一个"强化理论"，是指当一个人做出某种行为，行为的后果对他有利时，这种行为就会在以后重复出现；行为后果对他不利时，这种行为出现的频率就会降低或消失。这个理论对教育的启发是，如果想让孩子更主动地做某件事，就在孩子做这件事时给予夸奖。

比如，我们想让孩子主动刷牙、洗脸，就在他某一次主动刷牙、洗脸时夸奖他："你今天一到时间就来主动刷牙、洗脸了，都没让妈妈提醒，真棒！"这一句夸奖要胜过家长说很多次"时间到了，快去刷牙、洗脸吧！"

有时候，家长不知道该夸奖孩子什么，其实孩子的每一次进步和成就都值得夸奖，哪怕只是小小的进步或成就。比如，孩子主动看书且看得津津有味，我们可以夸奖他的主动和专注；孩子练习钢琴时可能弹琴的姿势更准确了，或者曲子虽然很难但依然能够坚持练习，这些都是值得夸奖的地方。

父母的每一次夸奖都会让孩子感到自己被肯定了，因而会更愿意去努力。

正确夸奖三原则

夸奖孩子非常重要，但不恰当的夸奖反而会对孩子有消极的影响。所以，在夸奖孩子时一定要注意以下三点：

1. 夸奖要真实，不要浮夸

如果对孩子的夸奖总是言过其实，比如孩子随便画了幅画，就夸他"你画得最棒了"，这会让孩子觉得你是在敷衍他，并没有真正重视他，他还会觉得自己"不配"这些赞美。如果孩子总被扣上这样一顶大帽子，对他反而是种压力。孩子甚至会故意做出让家长头疼的事情，使家长不夸奖他，以便得到"喘息"的机会。

2. 夸奖要具体，不要笼统

"真好""真乖"这类夸奖很笼统，如果只用这样的词夸奖孩子，会让他们不知道自己究竟好在哪里，听多了也就失去了效力。所以家长笼统的夸奖，有时会给孩子带来消极影响。而有针对性的具体夸奖孩子更容易理解，孩子能由此知道他究竟好在哪里，今后应该如何做。比如，你可以说："谢谢你帮妈妈收拾餐桌，妈妈很开心。"这比只笼统地表扬孩子"好孩子，你真棒"效果好得多。

3. 夸奖努力，不夸聪明

表扬"聪明"是在告诉孩子：能力是天生的，固定不变的。而表扬"努力"则是告诉孩子：人的能力不是固定的，是可以通过努力来发展的。如果家长对孩子的每一次进步都用"聪明"来定义，一方面他会变得自负（而非自信），相信自己天生就比别人强；另一方面，他们面对挑战时容易采取回避的态度。这是因为，假如进步、成功意味着聪明，那么失败就意味着不聪明。他要证明自己聪明，就只能接受成功，不能接受失败。而挑战总是带有失败的风险的。

为了得到父母或老师的夸奖，一再证明自己是聪明的，那些"聪明"的孩子会选择容易的事情去做，回避困难的事情，避免失败，避免证明自己"不聪明"的结果出现。所以，总夸孩子"聪明"，会让孩子逃避困难，放弃成长，这是对孩子极大的伤害。

孩子的每一次进步和成就都值得夸奖。我们夸奖孩子时，要真实不要浮夸，要具体不要笼统，要夸奖努力不夸奖聪明。父母对孩子恰到好处的夸奖和肯定会化作他们心中一股无可替代的能量，激励孩子去探索未知，即使面对困难也能想办法克服。

彩蛋来了

当孩子表现出积极主动、认真努力、坚持不懈等品质的时候，试试用下面的句型来夸一夸孩子吧！

句型示意：看到（听到、发现）你……，妈妈真的特别高兴，做得真棒！

	夸一夸
积极主动	看到你今天一到时间就主动刷牙、洗脸了，这么积极主动，都没让妈妈提醒，妈妈真的特别高兴，真棒！
认真努力	
坚持不懈	
取得进步或收获	

第五章

小事件大视角

🌺 分享并不容易

孩子在五六岁以前已经有一定的自我意识，但很难理解"所有权"的概念，无法厘清事物的所属关系。因此，不懂分享是孩子成长中的自然表现，并不代表自私。

幼儿正处在"物权敏感期"

芝加哥大学的心理学教授让·迪蒂（Jean Decety）说："幼儿从天性上来说就是自私的。"不分享，是孩子的一种本性，保护自己的物品也是孩子的一种本能。孩子不分享，是因为他们正处在"物权敏感期"，在他们看来，我的东西就是我的东西，别人不可以碰，我要保护自己的东西。

神经科学家、瑞士苏黎世大学教授恩斯特·菲尔（Ernst Fehr）做过一个"糖果实验"，研究幼儿"不愿分享"的现象。他邀请了229名3~8岁的孩子参与三轮不同的实验，来观察不同年龄阶段孩子的分享行为。

实验结果显示，面临双份糖果的诱惑，7~8岁的孩子中有40%以上的孩子会选择与别的儿童分享糖果；而3~4岁的孩子中却只有不到9%的孩子愿意分享糖果。

由此可见，3~4岁的孩子大多是不愿意分享的。不过，随着年龄的增长，孩子会慢慢变得慷慨大方，我们要尊重孩子不愿分享的本能。

强迫孩子分享，会破坏他的"物权意识"

哥伦比亚大学临床心理学博士劳拉·马卡姆（Laura Markham）在《父母平和，孩子快乐》一书中写道："强迫孩子分享，不仅不能真正教会孩子分享的真谛，还会给他们造成心理创伤。"强迫孩子分享，不仅会破坏孩子对父母的信任，让孩子心中对分享更排斥，还有可能使孩子形成"讨好型"的性格。

强迫孩子分享的行为，也有可能让孩子对自己的东西失去保护意识。一位家长曾抱怨自己的孩子出门玩总是丢玩具，对自己的玩具一点也不懂得珍惜。殊不知，这一切都是因为家长总是强迫孩子把玩具拿出来分享，一旦儿子不同意，便会遭到批评。表面上看，家长是在教孩子养成良好的品德，实际上家长已经破坏了孩子的"物权意识"。

有"物权意识"的孩子，不仅懂得保护自己的所属品，也不会随便去拿别人的东西。只有允许孩子"自私"，保护他的"物权意识"，才能培养出一个有界限感的孩子。经历过"自私"

的孩子，才会懂得分享的真谛。

分享要建立在"我愿意"的前提下

我们都知道，分享有利于培养孩子良好的人际关系，帮孩子收获更多友谊。但是，分享要建立在孩子"自愿"的基础之上，这样才能达到"双赢"的状态。

1. 把决定权交给孩子

孩子的东西要让孩子自己做主，当有其他小朋友想要玩孩子手里的玩具时，我们只需要告诉他，如果你愿意，可以给小朋友玩，如果你不愿意，可以拒绝。

孩子只有被赋予这种权利时，他才会感受到自己做主的自由，才更有可能做出主动分享的行为。

2. 引导孩子分享

有的孩子不愿意分享，可能是不了解分享是怎么回事。我们需要跟孩子解释：分享是我们向别人表达善意的一种方式，比如当你很喜欢某个小朋友，不知道怎么表达的时候，就可以和他分享你的糖果。而当我们和别人分享东西的时候，别人会很开心，我们会收获好朋友。

孩子不愿意分享，这绝不是什么"小气"，而是他们成长过程的必经阶段。所以，孩子是否愿意分享，我们交给孩子自己去决定就好。尊重孩子，就要尊重他的权利，既不拿他的物品做人情，也不上升到道德层面，批评他自私，更不必强行要求孩子分享。

彩蛋来了

和孩子聊一聊，他最愿意和最不愿意分享的3样东西是什么，以及不愿分享的原因。试着理解孩子的"苦衷"，而不是只想着劝说他去改变。

做家务是孩子的人生必修课

很多家庭生活的常态是：早上孩子起床，牙膏是父母挤好的，饭菜是盛好的，孩子吃完饭，碗筷往桌子上一放便可以了。很多家长认为，孩子只需要好好学习，至于生活上的琐事，由家长来完成就可以了。

哈佛大学学者的调查研究显示，孩子做不做家务，未来大不一样。爱干家务的孩子和不爱干家务的孩子，成年之后的就业率为15∶1，犯罪率是1∶10。

另有专家指出，在孩子的成长过程中，家务劳动与孩子动作技能、认知能力的发展以及责任感的培养有密不可分的关系。

做家务让孩子更有责任心

让孩子帮忙分担家务，会让孩子感受到自己是家庭中的一分子，体会到自己付出的意义，从而激发他们的责任心。在做家务的过程中，孩子能更好地体会到父母平时做家务的不容易，会更珍惜家人的劳动成果。

所以我们不要过度包办孩子的生活，要让孩子明白"自己的事情自己做"的道理。一个有责任心的孩子才会明白学习是自己的事，不用父母督促也会在课堂上认真听讲，回家后按时完成作业，因为他知道这是自己的事情，不需要别人监督。

做家务能增强孩子的条理性

有些家务活，对大人来说很简单，对孩子来讲却是有难度的。比如：我们要求孩子扫地、擦桌子，孩子却不知道该先扫地，还是该先擦桌子。他可能先扫地再擦桌子，而擦桌子时把地又弄脏了。

孩子在做家务的过程中，能学会统筹安排各项事务，思考先做什么再做什么，遇到问题了该怎么解决。不知不觉中孩子的条理性就增强了。

还有，孩子在做家务的过程中习得的经验和方法会迁移应用到学习上，他能够像做家务一样有条理地安排自己的学习任务和时间。

做家务能增强孩子的自信心

> 美国心理学家阿尔伯特·班杜拉（Albert Bandura）提出了"自我效能感"的概念，用以说明人们对自己能够完成某项工作的自信程度。自我效能感高的人在遇到困难时更倾向于坚持下去，并保持积极的情绪。

在做家务的过程中，孩子需要调动头脑和身体来努力完成任务，他们每解决一个小问题，每解锁一个新技能，都会对自己的能力多一份信心。一个有自信心的孩子，在学习中遇到问题时，会努力思考，不会轻言放弃。

总而言之，做家务能培养孩子的责任感，还能增强孩子的条理性和自信心。

爱孩子，就让他做家务。舍得用孩子，才是真的爱孩子。

彩蛋来了

和孩子一起制作一个"百变小能手"转盘，并跟孩子解释每个角色对应的职责。让孩子通过每天转转盘来随机决定承担的角色。

这个游戏不要求孩子做家务做得多好，只要能培养孩子做家务的意识就可以了。

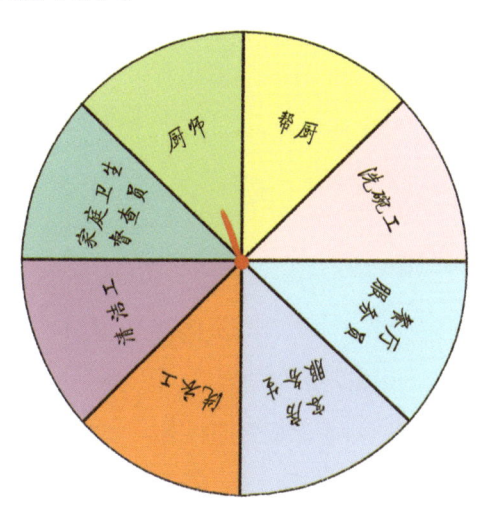

生活中的专注力

我们都知道专注力对孩子成长的重要性，也希望从小培养孩子的专注力，为孩子的学习打下坚实的基础。当看到孩子坐不住、做事容易分神的时候，我们不禁会担心，孩子的专注力这么差，上学了可怎么办？

解密专注力

专注力又称注意力，是大脑意识对某一对象指向、集中并维持的能力。也就是说，专注是一个选择并持续注意的过程。注意力本身有以下四个品质：

1. 注意的稳定性

注意的稳定性指一个人在一定时间内，比较稳定地把意识集中于某一特定的对象与活动的能力。

孩子基本上都有过心无旁骛的状态，比如在他看书、画画、看电视或玩玩具的时候，父母叫他吃饭，他半天都没动静。父母可能会因此生气，觉得孩子故意不听话。其实这可能是因为孩子注意力的稳定性很高，能把自己的注意力都投注在当下感兴趣的事情上，不容易被外界干扰。

2. 注意的广度

注意的广度也就是注意的范围有多大，是指一个人同一时间内能清楚地把握对象的数量，或者在一段时间内能清楚感觉到的连续刺激的数量。比如父母和孩子一起，随便翻开某本画册，同时看一眼再合上，然后分别说说自己看到了什么。这时我们就会发现，不同的人看到的内容和数量不一样，这就是每个人注意的广度不同。

3. 注意的分配性

注意的分配性是指一个人把注意同时指向两种或两种以上的不同对象或活动的过程。比如我们一边开车一边听音乐，孩子一边做手工一边唱歌。

4. 注意的转移性

注意的转移性是指一个人能够主动地、有目的地及时将注意从一个对象或者活动调整到另一个对象或者活动。比如上课铃响后，有的孩子能迅速把自己的注意力转移到学习任务上，而有的孩子还沉浸在课间活动的状态。

一般情况下，孩子的注意力品质会随着年龄的增长而提升。每个孩子注意力品质的长板和短板都不一样，我们要综合、客观地了解和评估孩子的专注力水平。

在生活中培养孩子的专注力

良好的专注力能提高孩子做事的效率，更好地适应周围的环境，让孩子的思维更灵活。那么在日常生活中，我们该怎么培养孩子的专注力呢？

一、不随意打断专心做事的孩子。在孩子专心玩玩具或做手工的时候，我们不要随意打扰他，也不要频繁地给孩子下指令，因为这样会让孩子无所适从，破坏孩子的专注力。

二、给孩子提供一个安静、整洁的环境。嘈杂的声音，凌乱的桌面或屋子，对孩子来说都是干扰，会导致孩子难以持久专注。通常情况下，孩子在安静的状态下会表现出超强的专注力。

三、从孩子感兴趣的事开始训练专注力。要想提升孩子专注力的持久度，可以让孩子从感兴趣和擅长的事情做起。当孩子在这些事情中发展出良好的专注力，这种能力就会迁移到其他的任务中。

四、给孩子的指令要明确。在生活中，我们对孩子提要求的时候，目标越清晰，任务越明确，孩子越容易执行，专注度也就越高。

当孩子专注于一件事时，他已经在内心逐渐构建了一个属于他自己的认知体系。这时,他最需要的就是安静,不被打扰。所以,请记得,给孩子一个整洁安宁的环境。

彩蛋来了

和孩子进行一次小比赛吧,要求两位参与者分别在下面的圆圈方阵中点点,每个圈内点 2 个点,点到圈外面为输。如果你觉得这太容易,还可以增加挑战的难度,点点时把手腕和手肘悬空。

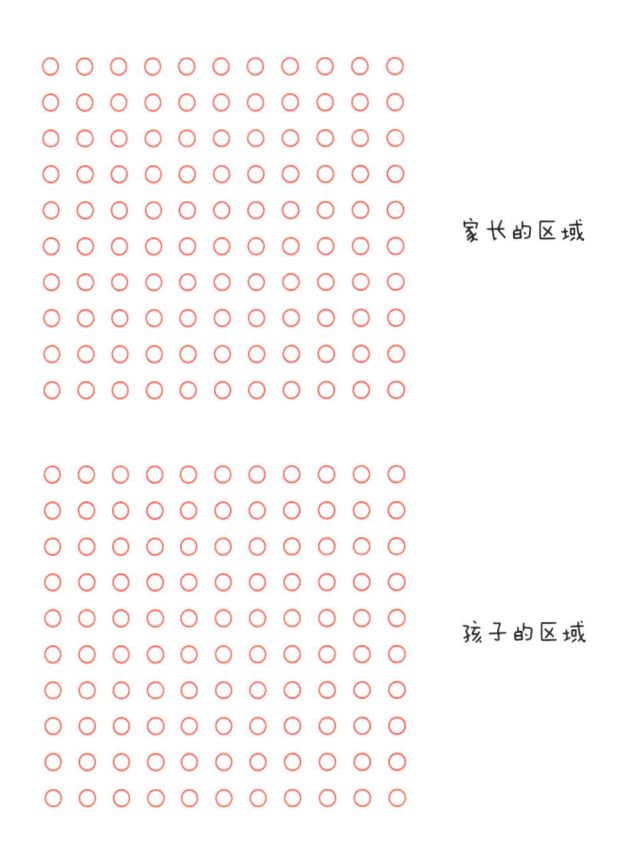

家长的区域

孩子的区域

谈论死亡，是最好的生命教育

白岩松说："中国人讨论死亡的时候简直就是小学生，因为中国从来没有真正的死亡教育。"在我们的文化中，很多父母会回避甚至忌讳和孩子谈论有关死亡的话题，无法自然地和孩子聊所爱的家人离世的事情，也不知道该如何对孩子解释所见到的一些惨剧。死亡教育，是父母和孩子都需要学习的一课。

生命教育最大的忌讳是"含蓄"

面对与死亡有关的信息或事件时，我们总是会选择回避，对孩子说："小孩问这种问题干吗？不该问的别问！"或者用隐晦、含蓄的方式对死亡一语带过。我们的本意是保护孩子幼小的心灵，避免孩子恐惧、伤心。但事实上，我们越是含蓄，孩子越会感到困惑。

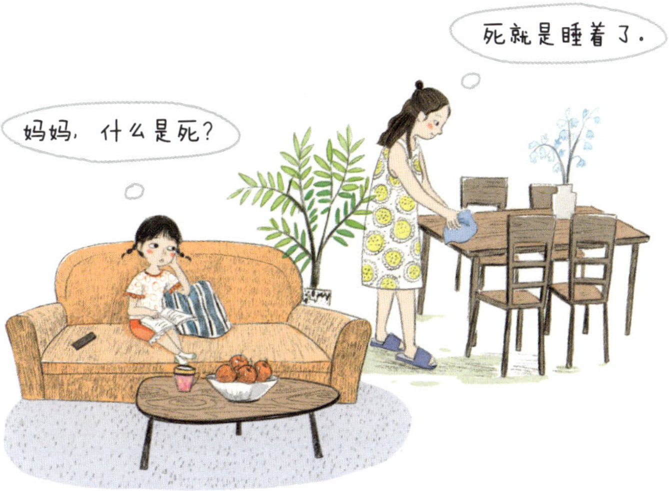
妈妈，什么是死？
死就是睡着了。

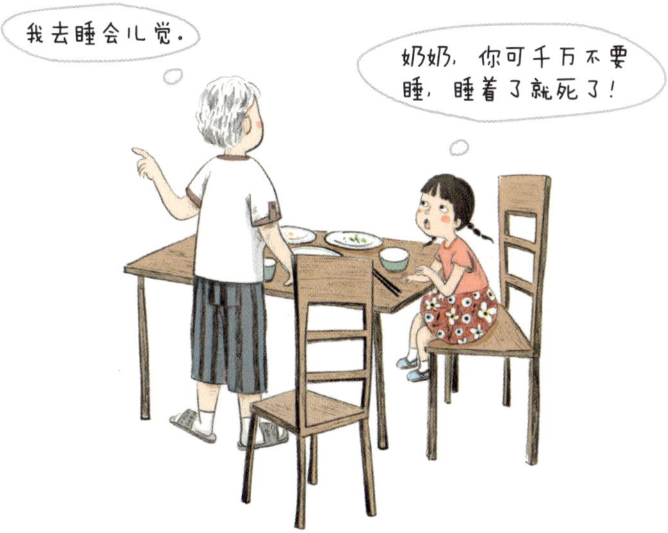
我去睡会儿觉。
奶奶，你可千万不要睡，睡着了就死了！

有的家长会对孩子说,死就是睡着了,或去了很远的地方。这种回答不仅让孩子误解死亡,更可怕的是,孩子还可能因为对死亡缺少真实的认知而做出危险行为。死亡是痛苦的过程,且是不可逆的,但"睡着了""去了很远的地方"听起来却带着些美好,而且是可逆的。这会让孩子缺少对死亡的畏惧,认为死没什么大不了的,进而放松对危险的警惕和回避。

所以,对于死亡,我们要和孩子说得真实且具体。比如死亡后身体会发生什么:人死了,就再也不能呼吸,不能睁眼看到世界,不能听到声音,也不能说话了。

关于死亡,美国心理协会建议的解释是:"死亡代表一个人没有任何感受,不会感受到饥饿、口渴、恐惧或者受到伤害。不过这也代表着我们再也看不到他们了。可是对他们的记忆,会永远保存在我们的心里。"这也许是对死亡最简洁、清晰的解释之一。

和孩子谈死亡,我们可以这样说

问题一:他怎么了?

回答:

(1)他得了很重的病,没有办法治好,所以死了,离开了我们生活的这个世界。

(2)他遇到事故,因为伤势太重没有抢救过来,所以他去世了,也就是他的生命结束了。

孩子有权知道真相,为了不让孩子的认知产生偏差,我们要用最直白的回答让孩子认识死亡。

问题二：我还会再看到他吗？

回答：虽然我们都希望能再见到他，但他不会回来了，我们可以在心里一直想着他，我们心里的距离没有变。

就算是小孩，当他第一次真正意识到再也无法见到一个人的时候，内心的触动也一定非常大，但我们还是要告诉孩子这个结果是不可逆的。孩子可能会悲伤，可能会遗憾，但依然需要直面事实，而我们需要给予孩子的是陪伴和抚慰。

问题三：如果我想他，想见他了怎么办？

回答：我们可以回忆和他在一起时的点点滴滴，虽然一开始会很难过，但慢慢地，记忆中的美好会代替悲伤。每当想他的时候，就在心里回忆一遍这些时光，谢谢他曾经带给我们的快乐、关爱、鼓励和支持。

电影《寻梦环游记》告诉我们，死亡并不可怕，真正可怕的是被人遗忘。

有关"死亡"的现象在生活中还是比较多见的，比如动画片里的人物死了、秋天小草枯死、宠物离世等。这些都可以成为我们和孩子谈论"死亡"的契机，是很好的生命教育的机会。作为成年人，如果我们能勇敢地面对生命的开始与结束，就能更加坦然地和孩子讨论死亡。我们越坦诚，孩子对死亡越能有正确、客观的认识，越能坦然接受身边发生的种种丧失。

正视死亡，我们才更懂得生命的意义。让我们陪着孩子，通过谈论死亡，学会感恩生活，学会珍惜生命。

第六章
小家庭大温暖

游戏是亲子关系的纽带

对学前的孩子来说,游戏对成长具有重大意义。游戏不仅为孩子在语言、运动、情感、认知等方面的发展提供了支撑,也为孩子从"自然人"转变到"社会人"提供了基础保障。同时,游戏作为一项不可或缺的亲子互动方式,也是至关重要的亲子关系的纽带。

《游戏力养育》的作者劳伦斯·科恩(Lawrence J. Cohen)认为,人与人的联结无处不在,联结本质上是人与人之间的一种积极关系,是能被彼此感受到的情感纽带。联结是信任、接纳、爱、欣赏,也是真诚的道歉;联结是共享快乐的时刻,也是分担烦恼和痛苦的瞬间。而游戏不但是父母与孩子共享欢乐的途径,也是化解亲子关系危机,保护亲子联结的良方。

在游戏中共享欢乐

相信我们每一位家长都和孩子一起玩过"捉迷藏"的游戏。

当孩子藏起来的时候，虽然我们知道他就在衣柜旁，只是用被子蒙住头，身体还露在外面，但是我们还是会假装喊："宝贝在哪儿，我怎么找不到了呢？"我们找到他的那一刻，又会惊呼或者与孩子一起咯咯笑起来。

从躲藏到寻觅，从惊奇到大笑的过程中，游戏让父母与孩子共享欢笑时光，这时父母与孩子就处于无比甜蜜、无比珍贵的情感联结之中。

然而，生活并不总是充满欢乐，当孩子"不听话"的时候，亲子关系危机就出现了，父母该怎么办呢？

用游戏度过亲子关系危机

当孩子有"问题行为"时，如果我们采用罚站、威胁、指责等方式对待孩子，将导致严重的联结断裂。科恩博士主张通过游戏和关爱，与孩子重建联结。

有位妈妈曾经很苦恼，因为儿子每次洗完澡都会光着身子钻到床底下，她和家人几乎试遍了所有方法，但结局还是只能由爸爸把他硬拽出来。这位妈妈不明白孩子是怎么了，为什么要这样做，不知道如何跟孩子沟通才好。后来，她通过游戏的方式让持续了3个月的问题得到了解决。

这位妈妈的做法是：当儿子钻进床底下后，她就在床边爬来爬去，一边爬一边说："吱吱吱，我是小老鼠，我在找奶酪，哎呀，怎么床下有一只猫啊！猫大哥，求你了，别吃我！"她边求饶边发抖，孩子听到外面的动静，就主动爬了出来，抓住了"老鼠"。在欢声笑语中，妈妈轻松解决了这个问题。

生活中我们一定会遇到孩子的各种挑战行为，比如早上不起床、不好好吃饭、兄弟姐妹之争等。我们可以尝试用游戏的方式解决问题，从而保护甚至加强亲子间的情感纽带。

可是，有的父母对孩子的游戏感到无聊，这又该怎么办呢？

如何成为孩子的好玩伴

对一些成年人而言，玩游戏并不是一件容易的事情。生活和工作的压力，会让很多人难以享受游戏的乐趣。很多父母早已失去了游戏的能力，觉得孩子的游戏太幼稚、无聊，甚至把陪伴孩子玩耍当成一种负担。然而，游戏能让我们迅速加入孩子的"阵营"，成为孩子最好的玩伴。我们该怎么做呢？

* 首先，我们要放下身段，俯下身子、蹲下来或者坐在地板上跟孩子肩并肩，真正和孩子玩到一起。

* 其次，心态上不要居高临下彰显家长的权威，而是跟随孩子的节奏。孩子是游戏专家，他们会主导游戏，我们只要跟孩子在一起，配合他们的指引就可以了。

* 再次，家长如果觉得比较困难，可以从10分钟左右的小游戏开始。告诉孩子，自己在这10分钟之内可以陪他做任何游戏。在经过几次尝试以后，我们可以把游戏时间逐渐延长至20分钟或半个小时，让自己慢慢适应。

通常情况下，当我们充满热情地和孩子好好玩时，就会惊讶地发现，自己变得很享受游戏。类似"枕头大战""木头人"这样全球流行的亲子游戏，很多大人都能和孩子玩得不亦乐乎。在亲子游戏中，不仅孩子快乐，家长的身心也得到了很好的放松。

在育儿的路上，很多时候我们并不是缺少教育孩子的热情和意愿，而是需要一些方法和技巧。和孩子一起游戏吧，因为游戏是亲子关系最好的纽带。

彩蛋来了

和孩子来一场揪尾巴游戏吧。

游戏步骤：

* 第一步：准备两条毛巾，把毛巾折成长条；

* 第二步：家长和孩子各自把一条毛巾的一端塞进后面裤腰里，把毛巾长度约30厘米的部分露在外面当作尾巴；

* 第三步：家长和孩子面对面站立，保持约半米的距离；

* 第四步：喊"开始"，两个人就开始保护自己的尾巴，并尝试揪对方的尾巴，允许逃跑和追赶，先揪到对方尾巴的人获胜。

正确处理隔代养育冲突

如今,大多数中国父母都有全职工作,可能需要经常加班或出差。很多年轻的父母都选择了请老人一起照顾孩子。于是,很多孩子的婴儿期、幼年期、少年期都是跟祖父母或外祖父母一起度过的。

隔代养育的怪圈

带孩子对老人来说是轻车熟路的,然而隔代教养也存在许多问题。无论老人在养育孩子时处于主导地位还是协助地位,年轻父母和老人之间难免因教育观念不同而产生分歧。

在喂饭、吃零食、看电视等生活习惯方面,经常出现的情况是一方管教孩子,另一方偷偷纵容孩子。于是,很多的家庭陷入了一个怪圈:一方面年轻父母离不开老人,希望老人帮忙照看孩子,另一方面又不断埋怨父母溺爱孩子。

隔代养育冲突，没有赢家

因教育理念分歧而产生的争执，不管是明面上的争吵还是暗潮涌动，矛盾的双方都想证明自己的做法是对的，自己是比对方更懂养育的。但实际上，这样的较量不仅不利于孩子的成长，还会增加养育孩子的难度。由于双方意见不一致，无论哪一方想要单独管教孩子，如果孩子不想听，就会搬出另一方来抗衡。这一方面会给孩子好习惯的养成带来重重阻碍，另一方面也降低了双方在孩子心目中的权威感。不仅问题得不到解决，还可能会激化矛盾，形成恶性循环。

所以，要想家庭中的养育配合实现"1+1>2"，唯有通过积极的沟通促进理解、增加共识、彼此协助，才能达成。

与长辈沟通，将心比心最重要

年轻父母一定要对长辈充满感恩，与长辈沟通孩子的教育问题之前，应先感谢长辈教育孩子的辛劳，再婉转地提出自己想说明的问题。如果对于长辈的教养方式有很多异议，不要一次性列出所有问题与长辈进行讨论，每次少提一点，长辈也会比较容易接受。

最重要的是，年轻父母要记得，自己应该是教育孩子的主角，长辈只是协助者，一定要提醒自己，不应对试图帮助你的人过于苛求。

两代"共教养"，可借助第三方的客观意见

教育一致性在孩子的成长中非常重要，能让孩子明确地知道规则是什么，什么样的行为是被鼓励的。

面对与长辈的养育分歧，我们需要理解对方，并采取适宜的表达方式。有时候也可以尝试借用客观的第三方的意见，比如引用某权威专家或专业书籍中的观点去说服长辈。很多时候，专家的意见比较容易被采纳。

日常生活中，年轻父母要尽量态度委婉，提具有建设性的意见，这样比较容易被长辈接受。比如，有的长辈带着孩子一起看电视的时间比较长，年轻父母想要改变这一现状，就要先问自己："如果不希望长辈带孩子看电视，那么这段时间建议他

们做什么呢？我可以做些什么来帮助长辈？"想出其他具体方案来代替他们看电视，远比只是禁止长辈带孩子看电视来得妥当。每天照顾孩子其实很辛苦，尤其长辈的年纪又比较大，体力上可能吃不消，与其抱着不切实际的高期望苛求老人，不如从实际情况出发，选择折中可行的方案。

如果祖父母（或外祖父母）为孩子提供了安全且稳固的照料护理系统，孩子的情绪发展就会比较稳定，与亲人之间的联结也得到了加强。在三代同堂的家庭里，处理好两代家长之间的关系，对孩子的成长也是大有裨益的。孩子长大后，自然就明白应该如何去爱护和照顾自己的家人，明白自己在家庭生活中的责任。

🌼 二胎家庭的"端水"艺术

随着物质生活水平的提高和二胎政策的开放,一些家庭迎来了"二孩"。我们都希望自己家的大宝和二宝能相亲相爱,这样,当我们老去后,还有一个血肉至亲能替我们守护着我们的至爱。然而,很多家庭自从有了二宝后,一碗水却再也端不平了。

二宝的到来对大宝的影响

二宝到来后,家庭的重心很可能从以"大宝为中心",变成以"二宝为中心"。大宝会发现妈妈总是被二宝"霸占"着,再也不像以前一样有求必应了。大宝感到失落,从而生出一个想法:弟弟或妹妹是来取代我的。于是大宝内心会有一种危机感,担心爸爸妈妈不再爱自己了。可是他没有办法表达自己的恐惧,在这种情况下,大宝极易产生焦虑和痛苦。

他会嫉妒弟弟妹妹，表现出明显的敌意，甚至是攻击性的行为。情况严重的孩子，还会出现各种生活能力"退化"的现象，变得特别依赖父母。比如大宝原本能够独立完成的事情，突然不会做了，他像二宝一样吃手、尿裤子、尿床，让妈妈搂着睡觉，求妈妈抱，不好好吃饭……这就是心理学上的"同胞竞争障碍"。

"家有二宝，护大不护小"

当我们读懂大宝的心声，对大宝多一些宽容和理解并能恰当处理的时候，其实就可以规避上述的问题。

1. 全心全意爱老大，是解决二胎矛盾的诀窍

对于大宝来说，二宝这个后来者时时刻刻都在"抢地盘"。因此，大宝肯定需要一个心理调适的过程，对此我们需要密切予以关注。在大宝有需求的时候，父母应该给大宝更多情感上的呵护，让大宝充分感受到爸爸妈妈的爱。比如平时多抱抱大宝，亲亲大宝，周末单独带大宝出去玩。当父母把更多的爱给予大宝时，他会确信自己拥有着父母无条件的爱，爱也会在他的内心生根发芽。

同时，我们再引导大宝，让他明白：大宝、二宝都是爸爸妈妈的宝贝，只不过两个宝贝的年龄不一样，爸爸妈妈爱两个宝贝的方式不一样。

2. 赋予大宝更多的权利和义务

心理学家阿尔弗雷德·阿德勒 (Alfred Adler) 在《自卑与超越》一书中提出，家中的老大，都要经历一段"独生子"时期，但是随着后边孩子的出生，他们就必须强迫自己改变，让自己适应新环境。他必须和别人一同分享父母的爱，这样的改变会对他产生很大的影响。

当家庭需要做一些与孩子相关的决定时，我们不妨先听听大宝的意见。当大宝感到自己被尊重时，就有了权利感和责任感，他内心的爱就会流动起来，会对二宝有更多的理解和照顾。这样大宝就更容易适应哥哥或姐姐的角色，把自己的爱和呵护传递给弟弟或妹妹。

有冲突时，先让孩子自己解决

在二胎家庭中，两个孩子发生争抢冲突是很常见的事。道德发展领域的专家指出，儿童在自我和他人的需求冲突中学习规则和公平。所以，兄弟姐妹之间的争执不仅是正常的，而且对他们的成长是有帮助的。

在二胎家庭里，最怕孩子间产生冲突时父母强行干预，强行要求老大退让。因为这会给老大造成一种"我所有的苦难，都是因为老二的出现而造成的"的错觉，非常影响同胞关系。如果父母学会放手，从二胎的竞争中退出，两个孩子会自行摸索相处的模式并成功找到解决方案，手足关系反而会变得简单且亲密。

在特殊情况下，需要大人帮忙解决冲突时，我们可以不带评判地描述看到的场景，比如，你可以说："我刚才看见你的积木被弟弟碰倒了，你很生气，推了弟弟，弟弟哭了。"或者问问孩子："可以告诉妈妈发生了什么吗？是哥哥先说还是弟弟先说？"这样的引导能让两个孩子倾听对方的需求，避免让家长的评判产生"煽风点火"的效果，造成情绪上的升级。

也就是说，孩子有争端时，先让他们自己解决，他们解决不了的，家长再出面调解。家长要一视同仁，采用鼓励、沟通的方法妥善解决。千万不要支持一个孩子，打压另一个孩子，这会加深两个孩子之间的矛盾，让他们之间心存芥蒂。

家有二胎，家长们会收获双倍的爱和欢乐，但也要承担起更多的责任。愿每一个二胎家庭都能处理好两个宝贝之间的关系，愿每一对手足，都可以相扶相伴，拥有幸福的童年。

父母情绪越稳定，孩子越心安

自从有了孩子，很多父母需要工作、家庭一肩挑：一方面，在职场中需要有更好的表现才能获得晋升机会；另一方面，回到家里要陪伴孩子，还要去做永远做不完的家务。生活中让人崩溃的事情太多，一些父母一生气，就容易迁怒于孩子。

面对生活中的"一地鸡毛"，总有一些父母能够保持稳定的情绪，内心虽有波澜也不说过头的话，不做过头的事情，能够化解各种麻烦，给孩子创造一个和谐温暖的成长环境。

情绪化的父母，会给孩子埋下敏感、自卑的种子

一些成年人在回忆小时候父母的情绪对自己的影响时，通常都会提到情绪化的父母会让自己不由自主地处于担心和害怕之中，不知道自己的什么行为会引爆父母的情绪，只能时刻小心翼翼地将自己蜷缩起来。经历过父母的情绪风暴后，孩子也

很难将自己的害怕、委屈表达出来，只能将这些负面情绪藏于小小的身体之中。长期的压抑会让孩子缺乏安全感和信任感，变得敏感多疑。

从人类演化的角度来看，女性的情绪能量远远超过男性。因此，一个情绪不稳定的妈妈，养出来的孩子可能会焦虑、敏感、自卑，习惯看人脸色行事，无论获得多大成就，内心始终深藏着不自信。

著名导演姜文在做客腾讯的访谈节目《十三邀》（第二季，第十三期）时，谈到他的成长经历，说他小时候经常因为妈妈不高兴，变得很没自信。"我很想让她高兴。比如拿到戏剧学院通知书的时候，我告诉她，觉得她该高兴了吧，可是她却说'你那一箩筐衣服还没洗呢，别和我说这个'；后来又给她买房子，觉得她该高兴了吧，可她还是不高兴。"

家庭是孩子成长的土壤，父母的行为会在潜移默化中影响孩子的行为。有些父母乱发脾气，孩子长期耳濡目染，不自觉也学会了乱发脾气。当不顺心的事情发生时，孩子就会用他最熟悉又习惯的行为模式——发脾气去应对，而且这种行为模式很可能给他未来的工作和婚姻带来很多阻碍。

情绪平和的父母，能够给孩子莫大的力量和安全感

情绪稳定的父母能够带给孩子一种确定感和安全感。在这种安定的氛围中，孩子会从父母那里获取力量，更愿意去尝试

和探索，更愿意展现自己。同时，他也能够学习父母的处事模式，遇到困难和挫折时更愿意积极、冷静地面对。

父母稳定平和的情绪，犹如春天的阳光般照耀着孩子的成长历程。情绪平和的父母养育的孩子，更容易讲礼貌、有教养，看待事物更宽容、更乐观，抗挫折能力更强，幸福感也更强。

然而，想要做情绪稳定的父母，并不是简单的事情。它需要我们保有一颗善于内省的心，和一份愿意改变的勇气。所以，当我们害怕某种情绪时，请试着问问自己正在害怕什么，内心有什么担忧；当我们拒绝某种情绪时，请试着用不带评判的眼光看待它本来的样子；当我们无法控制某种情绪时，请尝试按下"暂停键"并离开当下场景；当我们烦心于孩子的问题时，请试着放下我们的情绪，用一种更加积极的视角，去寻找问题背后转变的可能性。

作家莫言先生曾在《母亲》一文中写道："让我难以忘却的是，愁容满面的母亲，在辛苦地劳作时，嘴里竟然哼唱着一支小曲！"是母亲的坚强和乐观，支持从小辍学的莫言，成为诺贝尔文学奖获得者。

用手势化解"情绪风暴"

当生活中遇到挫折或烦恼，我们难免会情绪低落。不妨全家一起约定一些手势信号，用这些手势彼此提醒，或许能化解潜在的"情绪风暴"。

手势名称	手势	信号
暂停		暂停一下，大家要恢复冷静
OK		我已经明白了，不需要再强调了，再说我就要烦了
要抱抱		我很难受，需要拥抱和安慰，不需要说教和建议

孩子的成长需要等待，作为家长，我们的角色应该是孩子的陪伴者、支持者和引领者，而不是老师、监工。我们的情绪越稳定，孩子的内心就越安宁，孩子就会更温柔、积极地看待这个世界。相信经过不断练习，我们都可以成为情绪平和的父母。

参考文献

1. 凯瑟琳·史塔生·伯格尔. 0-12岁儿童心理学（第六版）[M]. 陈会昌，译. 北京：中国轻工业出版社，2016.
2. 彭聃龄. 普通心理学（第5版）[M]. 北京：北京师范大学出版社，2019.
3. 林崇德. 发展心理学（第三版）[M]. 北京：人民教育出版社，2018.
4. 边玉芳. 读懂孩子：心理学家实用教子宝典（0-6岁）[M]. 北京：北京师范大学出版社，2014.
5. 新东方家庭教育研究与指导中心. 教育大咖答100问：解决育儿烦恼的实用工具书[M]. 浙江：浙江教育出版社，2019.
6. 迈克尔·霍顿. 自控力成就孩子一生：儿童行为问题管理手册[M]. 陈海生，译. 北京：机械工业出版社，2015.
7. 赵石屏. 孩子要上一年级（上下册）[M]. 北京：作家出版社，2019.
8. 艾登·钱伯斯. 打造儿童阅读环境[M]. 许慧贞，译.北京：北京联合出版公司，2016.
9. 劳伦斯·科恩. 游戏力：笑声，激活孩子天性中的合作与勇气[M]. 李岩，译. 北京：中信出版集团，2018.
10. 劳伦斯·科恩. 游戏力2：轻推，帮孩子战胜童年焦虑[M]. 李岩，伍娜，高晓静，译. 北京：中信出版集团，2018.
11. 阿尔瓦罗·毕尔巴鄂. 孩子的大脑：智商与情商的真相[M]. 张冉星，译. 北京：北京科学技术出版社，2018.
12. 苏拉·哈特，维多利亚·霍德森. 非暴力沟通亲子篇[M]. 李红燕，译. 北京：华夏出版社，2019.

13. 保罗·卡拉尼什. 当呼吸化为空气[M]. 何雨珈, 译. 浙江: 浙江文艺出版社, 2016.
14. 孙瑞雪. 完整的成长——儿童生命的自我创造[M]. 北京: 中国妇女出版社, 2015.
15. 安东尼·罗宾. 唤醒心中的巨人[M]. 王平, 译.北京: 光明日报出版社, 2015.
16. 罗伯特·斯莱文. 教育心理学: 理论与实践[M]. 吕红梅, 姚梅林, 译. 北京: 人民邮电出版社, 2016.
17. 劳拉·马卡姆. 父母平和, 孩子快乐[M]. 刘海青, 译. 上海社会科学院出版社, 2014.
18. 劳伦斯·科恩. 游戏力养育[M]. 刘芳, 李凡, 译. 北京: 北京联合出版有限公司, 2020.
19. 张炜. 感动的能力[J]. 党政论坛, 2002, 000 (007): 43.
20. 洪显利, 冉瑞兵. 班杜拉观察学习理论对家庭教育的意义[J]. 宁波大学学报(教育科学版), 2000, 22(005): 15-18.
21. 陆爱萍. 促进幼儿形成良好行为习惯的五种强化策略[J]. 上海教育科研, 2007.
22. 肖爱芝. 埃里克森的社会发展理论与儿童亲社会行为的养成[J]. 继续教育研究, 2009, 000(011): 137-138.
23. Gruber M J, Valji A, Ranganath C. Curiosity and learning: a neuroscientific perspective [J]. 2019.
24. Xie Z, Fei Chen, et al. A review of sleep disorders and melatonin [J]. Neurological research, 2017, 39(6): 559-565.
25. Han K S, Kim L, Shim I. Stress and sleep disorder [J]. Experimental neurobiology, 2012, 21(4): 141.
26. Max Hirshkowitz PhD, Kaitlyn Whiton MHS, et al. National Sleep Foundation's sleep time duration recommendations: methodology and results summary [J]. Sleep health, 2015, 1(1): 40-43.

27. Monti J M. Serotonin control of sleep-wake behavior [J]. Sleep medicine reviews, 2011, 15(4): 269-281.
28. Bailey R, Cope E, Parnell D. Realising the benefits of sports and physical activity: the human capital model [J]. Retos. Nuevas Tendencias En Educación Física, Deporte Y Recreación, 2015 (28): 147-154.
29. Angela D Evans, Kang Lee. Emergence of lying in very young children [J]. Developmental psychology, 2013, 49(10): 1958-63.
30. Weifeng H, Yaping Y. A Study on the Relationship Between Language Ability and White Lie in Children Aged 5-6 [J]. Early Childhood Education, 2016, (000)006, 36-40.
31. Carducci B J. Erik H. Erikson. The Wiley Encyclopedia of Personality and Individual Differences[J]. Models and Theories, 2020(11): 45-49.
32. P.Shaw, D. Greenstein, J. Lerch, L. Clasen. Intellectual ability and cortical development in children and adolescents [J]. Nature, 2006: 440(30).
33. Decety J, Steinbeis N, Cowell J M. The neurodevelopment of social preferences in early childhood[J]. Current Opinion in Neurobiology, 2021, 68: 23-28.
34. Fehr E, Bernhard H, Rockenbach B. Egalitarianism in young children[J]. Nature, 2008, 454(7208): 1079-1083.

状元老爸教育法

> 北京大学英语文学硕士
> 1990年陕西省文科状元
> 新东方教育科技集团助理副总裁

周 雷

手把手教你提升孩子的底层学习力

- 提升高效学习的五大底层能力
  阅读力、专注力、抗压力、时控力、复现力

- 培养稳定学习的四大心态
  好奇心、同理心、上进心、平常心

- 分解学科学习法
  语文、英语、数学……

- 分析学业规划
  小学、初中、高中、大学、国际教育

状元老爸教育法
给5~16岁孩子的父母

扫码免费听